基于翻转课堂的

高校英语专业语法与写作金课建设研究

孙玲琪◎著

中国原子能出版社
China Atomic Energy Press

图书在版编目(CIP)数据

基于翻转课堂的高校英语专业语法与写作金课建设研究 / 孙玲琪著. -- 北京：中国原子能出版社, 2020.8（2021.9重印）
ISBN 978-7-5221-0779-0

Ⅰ. ①基… Ⅱ. ①孙… Ⅲ. ①英语—教学研究—高等学校 Ⅳ. ①H319.3

中国版本图书馆CIP数据核字(2020)第159291号

基于翻转课堂的高校英语专业语法与写作金课建设研究

出　　版　中国原子能出版社(北京市海淀区阜成路43号 100048)
责任编辑　蒋焱兰(邮箱:ylj44@126.com　QQ:419148731)
特约编辑　瞿明康　蒋　睿
印　　刷　三河市南阳印刷有限公司
经　　销　全国新华书店
开　　本　787mm×1092mm　1/16
印　　张　9.5
字　　数　160千字
版　　次　2020年8月第1版　　2021年9月第2次印刷
书　　号　ISBN 978-7-5221-0779-0
定　　价　45.00元

出版社网址:http://www.aep.com.cn　E-mail:atomep123@126.com
发行电话:010-68452845

前言

“金课”的本义指的是国家实施的一流课程建设“双万计划”，也就是“金课建设”计划，即在2019—2021年，建设10000门左右国家级一流课程和10000门左右省级一流课程。“金课”和“金课建设”计划的出发点，基于一个共识，那就是在新时代，我国高等教育在经历了从精英高等教育阶段转向大众化高等教育阶段之后，高等教育已经从规模扩张全面转向内涵式发展，高校的课程与教学需要实现一场以质量为核心的自我升华和变革。从这个角度看，一流课程建设的“双万计划”，与世界一流大学和世界一流学科建设的“双一流计划”，有着共同的时代背景和一致的目的。

新时代背景下，为进一步提升高校课程的质量，实现高校专业人才培养目标。高校要全面梳理各门课程的教学内容，淘汰“水课”、打造“金课”，合理提升学业挑战度、增加课程难度、拓展课程深度，切实提高高校课程教学质量。对于高校英语专业课程而言，为提高英语专业课程教学质量，实现从“水课”向“金课”的转变，就必须要在课程教学模式上进行深刻变革，改革过往传统陈旧的教学模式，积极采用新型的英语专业课程教学模式，以适应高校“金课”建设的目标。

翻转课堂作为一种新型的教学模式，为高校英语专业课程教学带来了积极有利的变化。翻转课堂借助于信息技术的发展颠覆了传统授课环节，反其道而行之，完美呈现了以学生为本的教育理念。目前，国内许多高校英语专业的实践教学都采用了翻转课堂教学模式，并取得了良好的教学效果。翻转课堂的特点非常契合高校英语专业语法与写作“金课”的建设需求，基于翻转课堂的高校英语专业语法与写作“金课”能极大地提升高校英语教学质量。

此外,《大学英语教学指南》也要求将信息技术应用到高校英语教学中,而信息技术与翻转课堂是十分契合的,二者在应用技术上有着高度的融合性,因此高校英语专业教师在教学中将翻转课堂运用在高校英语专业语法与写作金课建设中是非常有意义和有必要的。

目 录

第一章 高校英语专业教学概述……001

第一节 高校英语专业教学……001

第二节 翻转课堂教学模式……011

第三节 高校英语金课建设……025

第二章 基于翻转课堂的高校英语专业语法与写作教学……033

第一节 基于翻转课堂的高校英语专业语法与写作教学的可行性分析……033

第二节 基于翻转课堂的高校英语专业语法与写作教学的一般过程……036

第三章 高校英语专业语法与写作金课建设的背景……042

第一节 高校金课建设的时代背景与实践策略概述……042

第二节 高校英语专业语法与写作金课建设中的困境……045

第三节 驱动高校英语专业语法与写作金课建设的资源保障……051

第四章 基于翻转课堂的高校英语专业语法与写作金课教学模式建构……057

第一节 打造线上线下“混合式”高校英语金课教学……057

第二节 “去水增金”打造高校英语专业语法与写作金课教学新模式……061

第三节 基于翻转课堂的高校英语专业语法与写作金课教学的模式创新……078

第五章 基于翻转课堂的高校英语专业语法与写作金课教学过程建设……087

第一节 基于翻转课堂的高校英语专业语法与写作金课的整体设计……087

第二节 基于翻转课堂的高校英语专业语法与写作金课的行动研究……095

第三节 基于翻转课堂的高校英语专业语法与写作金课融入思政的探索……099

第六章 基于翻转课堂的高校英语专业语法与写作金课评估体系建设……106
第一节 基于翻转课堂的高校英语专业语法与写作金课评估体系的设计 …106
第二节 基于翻转课堂的高校英语专业语法与写作金课评估的实施 ………121
第三节 基于翻转课堂的高校英语专业语法与写作金课评估的管理 ………136

参考文献 ……145

第一章 高校英语专业教学概述

第一节 高校英语专业教学

一、高校英语专业教学的内涵

(一)高校英语专业教学的概念

1.教学的定义

在了解英语教学的内涵之前,首先需要对教学这一概念进行了解和掌握。由于对教学的关注点不同,不同学者的定义也有所差异。“教学”应该包含两个层面的关系:教与学是一种并列的关系,教学是一种教授学习的使动关系。从两个角度出发,能够看出教学的辩证关系和双向关系。教与学是息息相关的,教应该以学为基础,从学的角度出发,并以学为目标。教的规律和学的规律在一定程度上是统一的。

《现代汉语词典》给出的教学定义是:教师把知识、技能传授给学生的过程。该定义是一种狭义的理解,把“教学”当作一个术语来理解。《朗文词典》(Longman Dictionary of Contemporary English)将teaching定义为:work,or profession of a teacher,也就是“教书、教学”的意思。此外,它还对teachings进行了阐述:that which are taught,esp.the moral,political,religious beliefs taught by a person of historical importance,也就是“教导学说、教义”的意思。可见,teaching与teachings是两个完全不同的概念。但是,这两个定义都没有全面覆盖“教学”的真正含义。综合上述关于教学的定义,教学应该包含三层含义,即教学(teaching);“教”与“学”(teaching and learning);教如何学习(teaching how to learn)。

2.英语教学的定义

由于英语是我国的第一外语,缺乏一定的语言使用环境与使用对象,这就对英语教学提出了难题。可以说,英语教学能够直接影响学习者的英语水平和语言运用能力。英语教学是一种教育活动。对教师而言，教学是引导学生学习的教育活动；而对学生来说，教学则是在教师的引导下的学习活动。学生是否得到发展是教学能否实现其目标的关键。

教学是一个师生互动的过程，是教师教和学生学，共同完成预定任务的双边统一的活动。具体来说，英语教学的内涵主要体现在以下几个方面。

(1)英语教学是有目的的活动

英语教学的不同阶段有着不同的目标，而教学目标又具体分为不同的领域与层次。

(2)英语教学带有系统性和计划性

这种系统性主要体现在其制定者为教育行政机构、教研部门和学校的教学管理者等。英语教学的计划性指的是对英语基础知识的计划性教学，如英语语音、词汇、语法、写作、阅读等具体知识和技能的传递。

(3)英语教学需要采取合理的教学方法和教育技术

英语教学经过深厚的历史积淀，形成了大量有效的教学方法。现代科学技术，尤其是信息技术的发展，为英语教学提供了可以借助的多种教育技术。综上所述，我们可以将英语教学的内涵概括为：教师依据一定的英语教学目的与教学目标，在有计划的系统性的过程中，借助一定的方法和技术，以传授和掌握英语知识为基础，促进学生整体素质发展的教与学相统一的教育活动[①]。

3.英语教学的本质

英语教学不仅仅是一种语言教学，同时也是一种文化教学。下面对这两个方面进行分析。

(1)英语教学是一种语言教学

英语是一种重要的国际交流语言，因此对其教学便是一种语言教学。语言教学的目的是培养学生使用语言的能力。对于中国人来说，英语作为第二语言，是一门外语，英语教学也就是外语教学。从大类外语教学的发展历史来看，外语教学离不开外语知识教学，以外语知识为基础的外语教学有利于学生运用外语能力的培养。

①卢昕，马春线，宋凯．高校英语教学的基础理论与应用研究[M]．北京：九州出版社，2017.

因此,英语教学作为语言教学,其本质应该是培养学生综合运用英语的能力。需要特别指出的是,一些以学习语言知识而进行专门研究的语言教学并不是以运用语言为目的,因此对其教学并不属于语言教学的范畴,如古希腊语的研究、古汉语的研究等。这些语言在当今社会几乎不再使用,因此这种语言学习需要和语言教学区分开。

(2)英语教学是一种文化教学

文化孕育语言,语言反映文化,二者有着密切的联系。在进行英语教学的过程中,不仅需要学习者了解基本的语言知识,同时也需要培养和提高其英语思维能力,从而便于日后的语言使用。从这个意义上说,英语教学也是一种文化教学。

(二)高校英语专业教学的要素

1.教师

教师的角色是指教师在教学中的职责及其职业特点。随着教学改革的开展,教师角色的内涵变得更为丰富,不再只是知识的传授者和教学的主宰者。当代教师角色的新的内涵主要包括如下几点。

(1)知识的传授者

教师是知识的传授者,在教学活动中,学生对知识与信息的获取主要来源于教师。此外,教师的责任不只是传授知识,还应教会学生做人的道理。

(2)课堂的控制者

教师作为课堂的控制者,在教学活动中应充分发挥其主动作用,既要控制好学生的学习情况,还应注意把控课堂、教案的执行程序以及教学时间。此外,为了取得良好的教学效果,教师还应注意克服教学的随意性。

(3)行为的评价者

行为的评价者指教师在教学过程中记录下不同学生在学习上的问题以及不足之处,同时适时地予以反馈。需要注意的一点是,教师应把握好评价的方式与方法,纠正学生错误时,应注意措辞,尽可能以学生能接受的形式加以纠正,避免伤害学生的自尊。

(4)活动的组织者

教师是课堂活动的组织者。由于学生是课堂活动的主要参与者,因此教师在组织活动时应首先考虑到学生因素，将教学活动的主要目的、任务和教学活动开展的方式以及流程等清楚地告诉学生，便于他们更好地理解自己在活动中的职责，了解活动的各个环节，从而使其行为更具针对性，以顺利达成活动目标。

(5)活动的促进者

教师是活动的促进者。学生在学习过程中遇到困难在所难免，此时教师应为学生提供相应的帮助，引导学生将当前所学的内容与已有的知识结合起来，形成一种新的知识建构。

(6)活动的参与者

教师不仅是活动的组织者，还是活动的参与者。教师参与到课堂活动中不仅可以活跃课堂的气氛，拉近与学生的距离，还可以充分了解学生的心理特征，引导学生解决学习中的问题，促进课堂活动的执行与实施。

(7)资源的提供者

在教学活动中，教师可为学生提供丰富的背景知识、答案、范例、机会等，这些都会促进学生的学习。

(8)研究者

教师是教学的研究者。教师在教授知识的同时也在进行教学研究，教师具有自己的研究方向和研究内容，在教学过程中不断发现问题，展开研究并使问题得到解决，很好地将课堂教学与科学研究结合起来，从而完善自己的教学活动。

(9)激励者

教师是学生学习的激励者，这一身份使教师将课堂的绝对控制权交给学生，以学生为中心，引导并鼓励学生进行学习。要做到这一点，教师必须具备丰富的知识和教学经验，同时具有激励学生的能力。由上述分析可知，教师的角色多种多样，这些不同的角色都是社会、学校、家长以及学生期望的一种反映。一名合格的教师应能灵活地在这些角色之间进行转换，充分发挥自己的能力。

2.学生

高校英语专业教学应面向全体学生，以学生学习方式为核心，注重培养学生的学习愿望、学习习惯以及学习能力，同时还应关注学生自我评价、评价激励、反馈和调整功能，以使学生获得全面和终身发展。这些都赋予了学生新的角色意义。具体而言，学生主要有以下几种角色。

(1)主体

学生是学习的主体，高校英语专业教学活动要坚持学生的主体地位。在学习过程中，学生通过对知识进行积极探索、发现、吸收和内化等过程，将有助于他们知识体系的构建以及科学世界观、人生观、价值观的形成。

(2)参与者

学生是教学活动的参与者。在高校英语专业教学过程中，教师应注意激发学生的兴趣与动机，使他们积极地参与到教学活动中去，让学生乐于学习。在学习过程中，学生应主动参与，积极思考，敢于表达自己的思想与观点，将个人的才能尽量展示出来。

(3)合作者

学生是教学活动的合作者。英语学习是在师生、生生之间进行的，因此学生的学习过程必然要与他人合作。学生在学习中通过协商与互助，彼此促进，最终实现共同提高。

(4)反馈者

学生是教学活动的反馈者。学生以个体的学习情况以及教学法的适用性为依据，向教师提出相关的意见与建议，促使教师对教学方法与教学内容加以调整、改进，最终提高高校英语专业教学的效率。

3.教学内容

(1)语言知识

语言知识是综合英语运用能力的一个组成部分，同时也是语言学习和运用的重要方面。学生语言能力的提高必须以扎实的语言知识为基础。英语基础知识主要包括语音、词汇、语法、功能和话题。这五个方面的内容并不是孤立的，而是相互影响、相互作用的。语音、词汇和语法(语言形式)可以在一定的话题中得到体现。学生在运用语言时，不仅要具备话题知识，还应掌握语言形式在一定话题中所具有的功能。只有当他们既掌握语音、词汇和语法，又具备语言功能和话题方面的知识时，才能在交际中恰当地运用语言。

(2)语言技能

听、说、读、写、译这五项基本语言技能是学生形成综合语言运用能力的基础和主要手段。英语教学内容应包括听、说、读、写、译五个方面的语言技能及其综合运用能力,为学生提供体验语言和感知语言的机会,促进学生对语言知识的学习与掌握。在这五项基本技能中,听是对话语进行分辨与理解的能力;说是运用口语进行表达的能力,也是运用口语输出信息的能力;读是对书面语言进行辨认与理解的能力;写则是运用书面语进行表达的能力,也是运用书面语输出信息的能力;译是综合运用语言进行输入与输出的能力。

学生英语综合运用能力的提升是建立在大量听、说、读、写、译的专项和综合性语言实践活动基础之上的,从而服务于真实的语言交际。需要指出的一点是,在不同的教学阶段,对学生的语言技能要求是不同的。

(3)学习策略

学习策略指学生在学习过程中采取各种行动和步骤,以提高学习的有效性。英语的学习策略包括认知策略、调控策略、交际策略和资源策略等。正确的学习策略有助于改进英语学习方式,提高英语学习效果,同时也有助于学生进行自主学习和独立学习,为学生的终身学习奠定基础。因此,在英语教学中,教师要有意识地引导学生形成符合自身特点的学习策略,并对自己的学习过程与学习效果进行监控和反思,培养学生根据学习风格调整学习策略的能力。同时,教师还有必要引导学生观察与分析他人的学习策略,与其他同学交流学习体会,尝试不同的学习策略,互相借鉴,共同进步。

(4)文化意识

文化意识也是英语教学内容的一个重要组成部分。在英语教学中,文化主要是指英语国家的历史地理、风土人情、传统习俗、生活方式、文学艺术、行为规范、价值观念等。

语言与文化之间的关系十分密切。语言是文化的载体,又是文化的反映。学习英语必然要学习英语国家的文化知识。因此,在高校英语专业教学的过程中,教师应注意文化意识的渗透,结合学生的年龄特点及认知能力,向学生传授文化知识,培养他们的文化意识和世界意识。此外,教师还应注意引导学生在学习其他民族的优秀文化的同时更好地继承、发扬中华民族的优良传统，培养学生形成“传承文明，开拓创新”的意识和能力。

(5)情感态度

情感态度主要包括两个方面：对学生学习过程和学习效果具有影响的因素，如兴趣、动机、自信、意志和合作精神等；学生在学习过程中逐渐形成的祖国意识和国际视野。在学习过程中，学生通常会受到各种情感因素，如价值观、意志、理智、动机及教师的人格、态度、情感投入、教学风格等的影响。因此，在英语教学过程中，教师有必要对学生的情感予以关注，帮助学生形成积极向上的情感态度。具体而言，教师应注意激发并强化学生的学习兴趣，同时引导学生逐渐将兴趣转化为稳定的学习动机，提高自信，锻炼克服困难的意志，正确看待学习过程中的进步与不足，培养团队合作意识与创新精神，并养成良好的个人品格。

4.教学方法

语言教学虽然教无定法，但贵在有法。在高校英语专业教学历史上，有多种教学方法都曾经发挥过重要作用，有效地促进了英语教学的发展。这些教学方法包括翻译法、直接法、自觉对比法、听说法、视听法、认知法、功能法，以及由此派生出来的口语法、全身反应法、自然法、暗示法、沉默法、交际法等。实践证明，没有哪一种教学法是最好的，也没有哪一种方法适用于所有时期、所有地区、所有教学内容。不同的教学法对不同的语言知识、语言技能各有侧重，这就要求教师在英语教学中综合、灵活地运用各种教学方法，这样才能有效促进学生英语能力的提高以及学生的全面发展。如果教师仅仅采用某种单一的教学法，必然会影响学生的学习效果。需要说明的一点是在英语教学中，教师无论选择使用哪种教学方法，都必须以学生的语言交际作为教学的出发点，尽可能使课堂教学贴近学生的实际生活，引导并鼓励学生将所学的语言材料灵活地运用于新的生活场景中。同时，教师应力求使教学过程交际化，选用来自真实生活的自然交际且适合学生年龄的教材内容。

5.教材

教材既是高校英语课堂教学的依据，又是学生学习的载体，学生习得英语语言主要是通过教材而实现的。由于教材编写水平与资料有限，任何教材的编写都难免存在一些缺陷。这就要求教师在课堂教学中要灵活处理不同教材，考虑学生的感受，对教学进度和教学方法进行适当的调整，以提高教学效果。在教学过程中，教师通常会遇到与教材相关的一些特殊情况。这就要求教师要懂得因材施教、因人施教。例如，有些教材语言太过简单，大部分学生在课堂上仅仅是在运用旧的知识或操练旧的技能，这对学生英语语言能力的提高极为不利。面对这种情况，教师应适当补充一些稍具难度的语言材料，激发学生的学习动力，促进学生语言能力的发展。有些教材偏难，导致很多学生都难以理解，从而阻碍学生的英语学习。这时，教师应注意调整教学进度，适当添加一些难度稍小且与课文内容相关的语言材料，使学生能跟上教师的教学进度。还有些教材中提供的交际任务可能会超出学生的日常生活范围，这时，教师应该借助一些辅助手段，如图画、幻灯片、流程图等，以增加课堂教学的趣味性，促进学生的学习。

6.教学环境

教学环境主要由三种要素构成：社会环境、学校环境、个人环境。下面对这几个要素进行简要分析。

(1)社会环境

社会环境指的是社会对英语的需求情况、社会制度、国家的教育方针、外语教育政策、经济发展状况、科学技术水平以及人文精神。社会环境是影响英语教学的首要因素，指引着英语教学的方向。

(2)学校环境

学校环境是学生学习外语知识的主要环境，对英语教学效果具有直接的影响作用。学校环境由多种成分组成，如课堂的设置、学生接触英语的时间、教学设施、教师的素质、班级人际关系等。

(3)个人环境

个人环境主要包括学生家庭成员的社会地位，经济条件，对英语的态度，与同学、朋友之间的关系和感情以及学生自己所拥有的学习设备、用具等。

二、高校英语专业教学的发展方向

(一)教学目标转向“听、说为主”

重阅读是我国高校英语，甚至是各阶段英语教学的重要特点。这一点在历届高校英语教学大纲和教学目标中都有直观的体现：1962年，我国第一份高校英语教学大纲就将阅读当作唯一的教学目标，到了1999年，尽管教学目标中增加了“用英语交流信息”的字眼，但却并未明确提出培养学生的语言交际能力，而阅读仍然是高校英语教学大纲中的第一层教学目标。2007年，《大学英语课程教学要求》指出，“大学英语的教学目的是培养学生英语综合应用能力，特别是听说能力，使他们在今后工作和社会交往中能用英语有效地进行口头和书面的信息交流，同时增强其自主学习能力、提高综合文化素养，以适应我国经济发展和国际交流的需要。”至此，《大学英语课程教学要求》才明确了高校英语教学培养学生语言交际能力的目标，即在强调听、说、读、写、译各种能力协调发展的同时，还要将听说能力的培养放在教学的重要位置。这是我国高校英语教学的一个重大突破。

（二）教育理念转向“以学生为中心”

过去的高校英语专业教学十分注重语言的结构，认为语法是英语教学中最重要的内容，学生只要学会了语法规则，就学会了语言，获得了使用语言的能力。在此基础上，高校英语专业教学普遍存在“以教师为中心”的教学现象。然而，随着语言教学理论的发展以及交际教学法的兴起，人们越来越多地意识到，学习是学生的活动，作为内因的学生本人才是影响学习效果的根本原因。因此，语言教育者提出了“以学生为中心”的教学理念，旨在提高学生学习的主动性、积极性，从而提高教与学的效果。

“以学生为中心”起源于美国教育学家杜威的“以儿童为中心”的教育理念。杜威认为，教师并非教学的中心，教学中也不应采用“填鸭式”、灌输式的教学方式，而应以儿童为中心开展和组织教学，充分发挥他们的主观能动性。在此基础上，人本主义代表人物罗杰斯提出了“以学生为中心”的教育理念。他认为，学生天生就有学习的潜力，若所学内容与学生自身的需求相关，学生就会积极参与学习，如此就可提高学习的效果。在此观点的影响下，教师逐渐意识到自己不应是居高临下的指挥者和知识的灌输者，而应是学生学习的参与者、组织者、合作者、指导者和推动者。而如何实现“以学生为中心”的教学理念，避免“一言堂”现象的产生，并保证良好的教学效果，这是需要继续探索的实际问题。需要指出的是,“以学生为中心”并不意味着教师就要“袖手旁观”,也不意味着教师的任务会变轻。

事实上,按照“以学生为中心”的教学理念来开展课堂教学时,教师不仅要参与到教学活动中去,而且还要与学生合作,才能完成整个教学任务。在此期间,教师还要给学生一定的帮助和指导,最后还要对学习活动的开展情况和学习效果做出评估,以促进教学活动的顺利开展,并达到预期效果。由此可见,在“以学生为中心”的教学理念下,教师扮演着“学生顾问”的角色:既要掌握学生的实际需求,还要帮助学生做好学习准备,顺利完成课堂活动。因此,与传统的“以教师为中心”相比,教师的工作不但没有减少、减轻,反而增多、增重了。

(三)教学模式转向“以内容为依托”

在全球化进程不断加快的今天,社会各行各业对既有专业知识、又熟悉相关领域英语的复合型人才的需求量越来越大,这就对专门用英语的教学提出了更多、更高的要求。复合型英语人才大致可分为“专业+英语”人才和“英语+专业”人才两类。其中,前者是以英语为工具,从事专业工作。学习期间,学生可以根据自身需要选择两个或多个学科的课程,如经贸+英语、物理+英语、机械+英语等。而后者则主要从事某些领域的口译、笔译工作。在英语教学中,这两类人才的培养都是以英语基础和多学科知识的交融为出发点,力求培养出能对本专业知识融会贯通的综合性人才。在此标准下,各专业学生不仅要具备一般的英语听、说、读、写能力,更要能利用英语来获取专业知识和信息,甚至要能利用英语参与国际学术交流等。

(四)开展多媒体网络教学

《大学英语课程教学要求》首次确定了计算机网络在外语教学中的重要地位。这不仅使计算机网络在高校英语教学中受到了重视,还引发了全国规模的高校英语教学改革。以计算机网络为核心的现代信息技术的引进使外语教学目标、方法、手段、观念、教材、作用、环境、评估等各个方面都发生了巨大变化。与传统教学相比,计算机多媒体教学有着众多优势:计算机软件可以为学生提供地道的发音,生动形象地将知识内容呈现给学生,图文并茂,很容易引起学生学习的兴趣,同时也使外语教学突破时空限制,学生在任何时间、任何地点都能学习英语。这也极大地增加了学生学习英语的时间。

(五)评估方法多元化

评估是英语教学的一个重要方面。教学目标是否实现要依靠教学评估来检验。而交际型的、以学生为中心的教学模式和培养综合应用能力的目标,要求其评估体系也应该是能够考查学生语言运用能力的交际型评估。这也引发了教学评估方式的转变:测试中的客观题减少,主观题增加;终结性评估不再"独霸天下",形成性评估受到越来越多的重视等。随着人们对教学评估改革意识的增强,出现了很多可以在计算机网络上实现的新型的语言测试。这些测试大多具有开放性、形成性和多维性的特点。例如,允许学生多次考试,让他们看到自己的进步和成功,尊重每名学生的学习速度、学习阶段和自我感受,让他们为完成学习任务而学习,不是单纯为了应付考试。

第二节 翻转课堂教学模式

一、翻转课堂教学模式的理论依据

(一)布鲁姆的掌握学习理论

从翻转课堂本质上来看,翻转课堂的理论基础主要包含掌握学习理论、混合学习理论和建构主义学习理论。

1.掌握学习理论的定义

掌握学习理论是由美国当代著名心理学家、教育家、芝加哥大学教育系教授本杰明·布鲁姆提出,它是美国20世纪50~60年代教育发展的产物。掌握学习理论是指只要学生所需的各种学习条件具备,任何学生都可以完全掌握教学过程中要求他们掌握的全部学习内容。布鲁姆指出:如果按规律有条不紊地进行教学,如果在学生面临困难的时候和地方给予帮助,如果为学生提供足够的时间以便掌握,如果掌握一定规定的标准,那么所有学生事实上都能够学好,大多数学生在学习能力、学习速度和进步的学习动机方面会变得十分相似。总结前人研究的基础上基于自己的教育理论布鲁姆提出为“掌握而教”的思想,进而提出掌握学习理论。他认为只要让学生具备各种条件,每个学生都可以掌握所要掌握的内容。

布鲁姆的掌握学习理论是在卡罗尔学习理论的基础上发展而来。他吸收了卡罗尔提出的学习理论中的五个变量,进一步为掌握学习理论构建出模型,并在自己的教学实践中得到印证。这五种变量包括:学习时间、学习毅力、教学质量、理解教学的能力和能力倾向。这五种变量相互影响,最终影响学生的学习效果。

2. 掌握学习理论的核心思想

为掌握而教。“大多数学生(也许是90%以上)能够掌握我们所教授的事物,教学的任务就是要找到使学生掌握所学学科的手段。”这就是为掌握而教的核心思想。作为教育者必须要改变传统的教育思想,树立新的学生观。

勇于质疑传统的教学思想,改变传统的认为学生的学业成绩正态分布的思想。布鲁姆认为学生的学业成绩分布是完全可以改变的。布鲁姆提倡的是一种新的学生观,相信学生在教师一定方法的引导下大多数可以学好专业知识和有更高学习动机的积极性。

3. 掌握学习理论的实施程序

掌握学习理论不仅是一种理论,一种思想,也是一种策略,它教我们怎样去实施。在掌握学习理论中,布鲁姆提出了教学评价的新概念:“诊断性评价”“形成性评价”与“总结性评价”。

在新学期开始时,一般要对学生的情况进行诊断性评价。诊断性评价是指教师在教学前对学生的实际情况予以评价,评价的目的不是为了给学生贴上“好生”“后进生”的标签,而是为了使自己的教学更加适合学生的需要,促进学生的学习。

在实际的教学过程中,需要对学生一个阶段的学习做出评价。形成性评价的目的是给教师与学生提供反馈。布鲁姆认为,掌握性学习策略的实质是:群体教学并辅之以每个学生所需要的频繁的反馈与个别化的矫正性帮助。反馈通常采用诊断式的形成性测试形式表明学生已经掌握了哪些任务以及还有哪些需要掌握。提供个别化的矫正性帮助能使每个学生领会他未领会的重点。从而调整教学过程,针对学生的实际掌握情况开展教学。布鲁姆认为:学习单元宜包括约两周的学习活动或8~10小时的课内教学。在大学中,单元可只包括大约一周教学,而在更高级的学习水平上,单元则可长达三或四周的教学。形成性测试的要点是使学习时间变得最多而使矫正时间变得最少。

终结性评价是指在教学结束时所做的评价,目标是"为了给学生的评定成绩,或为学生做证明,或者是评定教学方案的有效"。评定学生一学年、一学期或者一个学习单元所掌握的程度,对学生的总体情况做出更为全面的评定。

三阶段的评价构成了一个循序渐进的教学过程,反馈与矫正贯穿在每个教学的环节。教师通过每个阶段的评价不断改进自己的教学,提高教学质量,在各个评价学习阶段针对掌握者提供个别化的指导与帮助。学生通过每个阶段的评价发现自己存在的问题,弥补自己知识的不足,真正为自己的学习负责,成为学习的主人。在掌握学习进行过程中,未掌握学习者不断减少,逐步达到每个学生都能掌握的目的。

(二)学习风格理论

1.学习风格的定义及影响因素

学习风格理论最早由美国学者赛伦提出。邓恩夫妇把学习风格定义为:"学生集中注意并试图掌握和记住新的困难的知识和技能时所表现出来的方式,包括学习者对学习环境的选择、情绪,对集体的需要以及生理的需要。"Reid将学习风格定义为"学习者所采用的吸收、处理和储存新的信息,掌握新技能的方式,这种方式是自然的和习惯性的,不会因为教学方法或学习内容的不同而发生变化"。但至今学术界尚未做出一致的定义。目前普遍认为学习风格是学习者所偏爱的一种学习方式。它说明学习者在解决相关问题的过程中会表现出稳定的具有个人色彩的特点。研究学习风格可以为我们探索学习者的差异性提供价值。

邓恩夫妇从影响学习者风格的影响因素出发对学习风格做出全面的分类。他们认为影响学习风格的因素包括环境类要素、情绪类要素、社会类要素、生理类要素和心理类要素五个方面。

科尔布根据学习者如何获取信息和加工信息把学习者分为四类:同化型、聚合型、发散型和顺应型。他认为同化型和发散型学习者通过抽象化观念思维获取信息,而聚合型和顺应型学习者通过具体的经验获取信息。在加工信息方面,它们也表现出不同的方式:聚合型和顺应型学习者通过积极的实验,而同化型和发散型学习者通过观察与反应加工信息。因此只有在学生的学习风格与教师的教学风格相吻合的情况下,学生才更有可能在自己擅长的领域有所突破。

不同的学习者有不同的学习风格。学习者所处的社会环境、家庭环境、学习环境、社区环境等这些外部因素以及性格特征、认知特点、个人的观念等内部特征都会影响到学习者学习风格。正是这些复杂的因素导致了学习者不同的学习风格。

2.学习风格理论的分类

学习风格理论主要包括感知学习理论和认知风格理论。感知学习理论把学习者分为:视觉型的学习者、听觉型的学习者和触觉型的学习者。视觉型学习者主要通过观看图片、电影等视觉性材料来学习,阅读和直接的视觉刺激可以给他们带来更好的学习效果;听觉型学习者主要通过听和说的方式进行学习,他们喜欢讨论会和小组研讨的学习方式;他们在课堂上提问和回答问题积极踊跃;触觉型学习者更喜欢亲身体验来学习,不喜欢一直“静坐”的学习方式,他们的动手能力很强,喜欢角色扮演与游戏等活动。

认知型学习理论根据个体受环境影响的程度把学习者分为:场依存型学习风格与场独立型学习风格。场依存型的学习者很难将自己同周围的环境分开,乐于与伙伴进行协作活动;场独立型学习者善于从整体中分出各个要素,不容易受环境的影响和外界的干扰。

学习风格理论告诉我们:不同的学习者具有不同的学习风格。然而可惜的是学生并不能根据教师的教学风格来选择适合自己的学习风格。教师也不可能被期望改变自己来适应所有的学生。因此,有着多种教学风格的课堂才更可能增加学生的表现。

(三)学习金字塔理论

“学习金字塔”最先由美国学者爱德加·戴尔于1946年提出。他以语言学习为例,在学生初次学习两个星期之后,发现不同的学习方式会导致不同的学习结果。具体来说,从塔尖到塔基分别为:通过阅读可以记住10%的内容;通过听老师讲课,学生可以记住20%;通过看图可以记住

30%;观看展示、影响等可以记住50%;通过与同伴讨论并发表自己的观点可以记住70%;给别人讲解自己的理解和参与实验、动手做实验可以记住90%。他认为30%以下的为被动的学习,50%以上的为主动的学习。

美国缅因州贝瑟尔国家培训实验室做过类似的研究,并提出了学习金字塔理论,实验所得结论跟爱德加·戴尔的实验差不多,只是把阅读和听讲交换了次序,他们认为,阅读这种学习方式比听讲的学习方式能记住更多的东西。他们的理论更与实际情况相贴近。

学习金字塔理论告诉我们:课堂中采用的不同的学习方法可以导致不同的学习效果;我们的课堂教学应该要根据不同教学内容的具体形式采用不同的学习方式;仅仅靠教师在讲台上讲解和学生在教室里听讲的这种方式效果最差,反之,应该鼓励学生多动手实践和亲身体验,让学生实实在在参加到小组学习活动中,这才是一种高效的学习方式。

(四)建构主义理论

瑞士哲学家、心理学家让·皮亚杰最早提出建构主义学习理论。他从认识的发生和发展的角度对儿童心理进行了系统的研究。他认为,儿童是在与周围的环境的相互作用中渐渐建构关于对外部世界的认知,从而改变自身的认知结构。

儿童与外部世界的相互作用通过同化与顺应两个过程,最终达到平衡。同化即学习者将外部信息归入到自己的已有的认知结构中;顺应指改变自己的认知结构。通过这两个过程达到与外部环境的平衡。他认为,儿童的认知结构正是通过同化与顺应过程。逐步校正自己的认知结构,并在"平衡—不平衡—平衡"的循环中得到丰富和发展。

在皮亚杰的认知结构理论的基础上,诸多专家、学者从不同角度进行建构主义的研究,涌现出许多著名的学者和不同的派别。社会建构主义的先驱维果茨基强调学习者的社会文化历史背景的作用,提出"最近发展区"这一重要概念,我们称之为社会建构主义。它强调,学习是一个文化参与的过程,学习者只有借助一定的文化支持来参与某一学习共同体的实践活动,才能内化有关的知识。

建构主义理论在学习观上认为"学习不是一种'刺激—反应'现象,它需要自我调节,以及通过反思和抽象建立概念结构"。学习是学习者主动的意义建构的过程而不是教师"灌输式"的过程。同时在建构主义理论下，知识具有建构性、社会性、情境性、复杂性和默会性。建构主义理论在教学观上认为，英语教师不应该无视学生已有的知识经验。在英语课堂教学中，英语教师应该充分发挥学生的积极性与主动性，以学生自己的主动的、互动的方式学习新知识。

（五）人本主义学习理论

人本主义学习理论建立在人本主义心理学的研究基础上。人本主义心理学产生于20世纪50年代末和20世纪60年代初的美国。人本主义心理学主张用人的观点和方法看待人，强调人的自我实现，关心和重视人的尊严和价值，关心每个人自在潜能的发展。

人本主义的学习理论以人本主义心理学的基本理论为基础，强调学生个体的尊严和价值，强调"无条件积极关注"在个体成长过程中的重要作用，认为教育的目标就是要实现学生的整体发展，教学过程就是要促进学生的个性发展的过程，教育不是泯灭学生的本性，而是要培养学生学习的积极性与主动性。

德国著名哲学家弗里德里希·威廉·尼采把现代教育的弊端归结于教育的出发点的问题。教育的灵魂就是塑造人的灵魂。有灵魂的教育就是"负载人类终极关怀的有信仰的教育，它的使命是给予学生的终极价值，使他们成为有灵魂信仰的……"人本主义者以学生为中心，反对传统的向学生进行的灌输式的无意义学习，强调学生所学内容对学生本身的实际教育意义。罗杰斯认为，人人都有学习的潜能，并具备自我实现的动机，教师必须利用学习先天的内驱力进行意义学习，而不应该逼迫学生去学习那些对他们缺少意义的学习材料，教材有意义且符合学生的目的才能使学生积极投入学习的过程中。学生的自主、自发、全心投入的学习才会真正产生良好的学习效果。在高校英语教学过程中，英语教师应尊重学生的个人经验，帮助学生理解教学内容对个人的意义，以使他们适应不断发展的社会。

二、翻转课堂教学模式的实施步骤

翻转课堂教学模式从美国维克森林大学初步探索到逐步完善走过了漫长的实施的道路。然而美国维克森林大学的翻转课堂教学模式实施的成功范式影响到美国很多其他的大学乃至世界各地的学校，有越来越多的学校开始根据本学校的特色开创出符合本校特色的翻转课堂教学模式。实施的翻转课堂教学模式在某些方面有些区别,但是都存在共同的地方。通过对美国维克森林大学实施翻转课堂教学模式的分析,现总结出以下几个阶段。

(一)课前准备阶段

第一,教师活动。分析教学目标,当我们一谈到翻转课堂,人们的第一反应就是制作教学视频。但是在制作教学视频之前,我们需要分析教学目标。教学目标就是通过教学活动期望达到预期的结果。明确教学目标,我们期望学生通过教学知道什么、获取什么,这是任何教学所要明确的关键事情。

只有教学前确定清晰的教学目标,我们的教学才有针对性,才能明确我们要采用的具体的教学方法。哪些内容需要探究式的教学方式,哪些内容需要直接的讲授等。那么实施翻转课堂教学模式之前的教学目标的分析,不仅有利于我们分析什么内容适合通过视频的方式直接讲授给学生,哪些内容适合课堂上通过师生的合作探究获得最佳的教学效果。明确教学目标,避免教学中的盲目性和无目的性。

第二,制作教学视频。在翻转课堂中,知识的传递是通过视频来完成的。教学视频可以由教师自己录制也可使用其他教师制作的教学视频或者网络上优秀的视频资源。制作教学视频是翻转课堂教学模式的重要部分。乔纳森·伯格曼和亚伦·萨姆斯总结出了制作教学视频的以下步骤:做好课程安排,明确课堂教学的目标,决定视频是不是合适的教学工具来完成课堂的教育性目标。

如果教学内容不适合通过教学视频直接讲授的方式,那么不要仅仅因为是要实施翻转课堂而去使用视频。翻转课堂并不仅仅是为课堂制作教学视频。另外,做好视频录制。在录制教学视频过程中应考虑学生的想法,以适应不同学生的学习方法和习惯。美国大部分实施翻转课堂的学校在录制教学视频中并不呈现教师的整个形象,而是呈现一双手和一个交互式白板,在白板上有教师所讲授内容的概要。录制教学视频必须要选择一个安静的地方,这样制作出来的视频才能保证学生在观看教学视频时不受视频中噪音的干扰。

第三,做好视频编辑。维克森林大学的两位教师在实施翻转课堂的初级阶段录制完教学视频以后分发给学生，但是他们逐渐发现视频后期制作的价值。它可以让教师改正视频制作中的错误，避免再次制作视频。

第四，做好视频发布。发布视频是为了让学生能够观看到教师制作出来的视频。此阶段对于教师最大的问题在于把视频放在什么地方使学生都能够观看。不同的学校会根据本地区、本学校和本校学生的具体情况来确定视频发布的地方。维克森林大学会把制作出来的教学视频发布到一个在线托管站点，比如Moodle平台、YouTube等，也会为家里没有网络或者电脑的学生制作DVD。美国维克森林大学为了让学生观看到视频，把校园多媒体中心延长两个小时，在这里学习的学生可以使用属于自己的账户登录到校园多媒体中心观看教学视频。总之，学校可以选择一到两种方法满足学生的需要。

第五，学生活动。首先，观看教学视频。教师通过对教学内容的分析，把适合直接讲授的内容部分用教学视频的形式交给学生，在一定程度上避免了课堂时间的浪费。学习速度快的学生可以快速地进行知识的学习。对于学习进度慢的学生，他们不用担心传统课堂上跟不上教师节奏的问题。他们可以根据自己的实际学习情况对教师讲授的内容做适时的停顿。在观看教学视频的过程中，学生遇到不懂的地方可以做笔记，把自己不懂的问题带到课堂，这样学生可以完全掌控自己学习的步调。在此过程中，学生需要对所观看的教学视频里讲授的知识做一定程度上的梳理和总结，明确自己的收获和疑惑的地方。其次，做适量练习。学生观看完教学视频后需要完成教师布置的针对性课堂练习。这些练习是教师针对教学视频中所讲的知识，为了加强学生对学习内容的巩固并发现学生的疑难之处所设置的。根据"最近发展区理论"，教师需要对课前练习的数量和难易程度做合理设计，明确让学生做练习的目的是帮助学生利用旧知识完成向新知识的过渡，加深对教学视频中知识的巩固与深化。

高校英语教师可以通过网络交流平台与学生进行互动，了解学生在观看教学视频和做练习过程中遇到的问题。高校英语教师可以通过学生所做练习的反馈情况时刻了解学生实际的学习情况。与此同时同学之间也可以进行互动，彼此交流收获，进行互动解答。

（二）课中教学活动设计阶段

第一，确定问题，交流解疑。人是社会中的人，在交流中才能实现成长。传统的课堂教学教师主宰着课堂，师生之间的交流是建立在师生地位不平等的基础上的。高校英语教学课堂中要实现真正的交流需要一种融洽的环境做保障。

学生在观看教学视频的过程中，由于本身的知识结构、看问题的角度不一样，因此对事物的理解会不同，这样学生之间会产生一种认知的不平衡，学生之间认知的不平衡会导致学生新的认知结构的产生。在课中活动的开始阶段的交流中，教师需要针对学生所观看视频的情况和通过网络交流平台所反映出的问题进行解疑。学生也可以提出自己在观看教学视频中所存在的疑惑点，与教师和同学共同探讨，这样学生本身就是一种交往的学习资源。

第二，独立探索，完成作业。独立学习的能力是学生必备的能力之一。一个没有独立学习能力的人，必然无法在社会中生存。独立性是个体存在的主要方式。在传统的课堂中，教师一手包办学生的学习。课堂的大部分时间用来讲授知识，学生课下时间被大量的机械性的作业所填满，学生独立学习和探索的能力越来越被压制。学生是独立的个体，他们本身有着独立学习的能力。学生知识结构的内化需要经过学生独立的思考，而教师只能从方法上引导学生，而不能代替学生完成学习。

翻转课堂为学生提供了个性化的学习环境，学生在课堂中独立完成教师所布置的作业，独立进行科学实验。在学生独立完成作业的过程中，审视自己理解知识的角度，建构知识的结构，完成知识的进一步学习。教师要在刚开始时给予学生一定的指导，帮助学生完成任务。待学生有一定的独立解决问题能力的时候，教师要“放手”，逐渐让学生在独立学习中构建自己的知识体系。

第三，合作交流，深度内化。学生在独立探索学习阶段，已建立了自己的知识体系。但是要完成知识的深度内化，需要在交流合作中完成。哈贝马斯把交往行为定义为，一种主体之间通过符号相互协调的相互作用，它以语言为媒介，通过对话，达到人与人之间的相互理解和一致。交往学习是学生在与他人的对话、交流、讨论等学习活动中所开展的学习过程，学生在此过程中实现自身的发展。爱德加·戴尔通过自己的实验证明,团队学习、合作学习和参与式学习的效果可以达到50%以上。

在翻转课堂里,我们可以看到的课堂形态为:学生分成小组,一般为3~4人为一组,学生与学生之间通过独立探索阶段的所学,与同伴交流自己对知识的理解。教师不是站在讲台上,俯视着课堂里所发生的一切,而是走下讲台,走进学生的探讨中,真正地融入学生的小组合作活动中。当学生在讨论中遇到问题时,教师可以给予及时的帮助,引导学生澄清对知识的错误认知。在此过程中学生的批判性思维、课堂参与能力和对待学习的态度发生很大的改变,真正把学生推到学习的主体地位。当学习本身成为学生自身需要的时候,学生就会成为学习的真正主人,变"要我学"为"我要学"。教师也从说教、传授的角色转变为学生学习的引导者和促进者。在合作学习越来越受到教育界的关注下,现今学校很多课堂教学采用合作学习、小组学习等。

但是在传统课堂里,合作学习只是课堂教学的"微弱"的补充,难以真正发挥学生探索的积极性,合作学习只是流于形式。在翻转课堂教学模式下,在课堂里学生与学生之间、学生与老师之间的合作学习才是真正意义上的合作学习。

第四,成果展示,分享交流。学生在经过独立探索和合作交流后,完成个人或者小组的成果。学生可以通过报告会、展示会、辩论赛或者小型的比赛等形式交流学习心得、体会。在成果展示过程中,学生或小组可以通过教师与学生的点评获得更深的了解。同时可以通过在观看其他学生或小组的展示中,学习到他人的优点,明确自己的优势与不足。学生在此过程中不断领略学习给他们带来的乐趣,以更积极的乐观心态面对以后的学习,增强自身的自信心。这也是一个交流的平台,学生在交流中彼此的智慧火花得以展现。教师在分享交流环节可以通过学生或者小组的汇报,明确学生知识的掌握水平,有针对性地进行后期的"补救"工作。当然在学生展示的环节,教师所做的是为学生创设一个民主、平等、和谐、自由的课堂环境,适时调控学生学习的进程和发展方向。

在实施翻转课堂教学模式的学校成果展示环节,教师不仅鼓励学生在课堂上进行展示,学生也可以在课下通过制作微视频的方式把自己的汇报上传至网络交流区,供教师和同学讨论和交流。翻转课堂教学的成败并不在于视频的制作,而是在课堂学习活动的设计。如何改变传统的教师主宰课堂的局面,让学生真正成为自己学习的主人,是翻转课堂教学模式给我们的课堂教学带来成效的关键点。

三、翻转课堂教学模式的评价体系

(一)教学评价的作用

教学评价是依据一定的教学目标对教学效果做出价值判断的过程。通过教学评价反馈的信息,我们可以调控教学活动、激励学生的学习和教师的教学,帮助教师改进自己的教学。作为一种新的教学模式,其教学评价显示出独特的作用。

第一,保证学生知识的掌握。传统的评价是为了给学生划分等级,最主要的目的不是为了学生的发展。翻转课堂教学模式的评价建立在帮助学生实现发展的基础上。因此,翻转课堂教学模式的评价可以保证学生知识的掌握。

看教学评价的好坏在于是否实现了学生的发展,翻转课堂教学模式的教学评价帮助学生明确自己实际知识水平。翻转课堂教学模式的评价的目的是基于学生的发展,测试学生实际掌握知识的程度。当学生没有达到要求时可以拥有多次机会最终达到掌握要求。当然对于已达到掌握要求的学生,剩余的评级部分基于学生本身的实际情况,学生可以自己确定。

第二,保证学生公平地位的实现。学生是平等的个体,然而传统的课堂教学,学生被一纸测试的结果划分等级。在现今的学校文化里,学生群体之间更是以成绩来划分。课堂中,展示与发言的机会掌握在少数学生的手中。结果导致“后进生”更差,“后进生”学习的自信心受挫,严重影响了学生心理的健康发展。因此,教师的评价永远只从学生考试的成绩评定学生的等级,不利于学生的全面发展。

翻转课堂教学模式最大的优势在于:所有学生拥有平等的学习机会,学生可以得到教师个性化的指导与帮助。教师的目光不再只是停留在少数尖子生的身上,教师可以更多地照顾到有更多学习问题的学生。

学生达到既定的水平就可以获得75%的学业等级,剩下的25%是基于学生自身的实际情况。这在一定程度上保证了所有学生可以达到既定的水平。但是要达到既定的水平,接受慢的学生可以拥有多次机会来获得这个结果。这在一定程度上保证学生机会的平等性。美国维克森林大学两位老师开创的翻转课堂教学模式一开始本着照顾因各种原因无法到学校准时上课的学生,因此翻转课堂教学模式的出发点就是本着照顾学生的原则。

(二)翻转课堂教学模式评价体系要解决的关键问题

第一,如何知道学生已掌握课程内容。传统英语课堂教学课堂讲授知识,课下学生完成作业。学生对知识掌握的程度可以反映在学生完成作业的情况上。英语教师对学生的作业情况予以批改,但没有条件对每个学生的作业情况予以指导,教学进程的安排并不能一味用来讲解学生所做的练习。英语教师所做到的少量的个别辅导并不能关注到急需要得到帮助的学生。学生的疑难点没有得到及时澄清会影响到下一个知识点的学习与理解。再者对于学生是否真正掌握英语专业知识,掌握到什么程度,教师无法通过练习来掌握和了解,也就不能对症下药。翻转课堂教学模式的评价首先要解决的问题即如何知道学生实际知识掌握的情况。只有了解到学生实际的知识掌握情况,英语教师才能为学生创造各种条件,帮助学生找到问题的症结所在。

第二,当学生没有做到掌握学习内容时,英语教师该如何处理。英语教师了解到学生知识的掌握情况后,对于不同的情况必须要采用不同的方法。对于已经掌握本单元或本节课知识学习的学生,英语教师可以给他们布置任务让他们继续学习。而对于知识的掌握还存在欠缺或者对知识的掌握没有达到规定的水平的学生,英语教师则需要为其提供个别化的指导。这种指导可以是让学生重新观看英语教师教学视频,也可以是给学生提供其他学习资源,让学生进行学习,直到学生对英语专业知识的掌握达到既定的标准。

(三)翻转课堂教学模式的评价体系

对于翻转课堂教学模式而言,最大的一个挑战在于建立合适的评价体系。这种评价体系在客观上能以对学生和教师都有意义的方式评价学生的掌握情况。

翻转课堂教学模式的评价体系是在掌握学习理论模式的基础上发展起来的。它们都以“保证所有学生都能学好”为思想指导,在当前集体教学模式下，辅之以个别化指导，能保证大多数学生达到课程目标所规定的掌握标准。翻转课堂教学模式下的评价体系采用现代技术为学生提供有价值的反馈信息，帮助教师实施翻转课堂教学模式，并使这种模式的实施成为可能。美国维克森林大学在多年的实践中总结出了行之有效的评价体系，它是乔纳森·伯格曼和亚伦·萨姆斯两位教师在长期实践的基础上的经验总结。它很好地融合了形成性评价、总结性评价和基于标准的评分系统。

1.利用形成性评价测试知识理解度

形成性评价是教学活动中根据把握到的中间成果来修订教学计划，进行必要的补充和指导或者根据每个学生的实际情况来安排要学习的内容的评价活动。就这一点来说，它在观念上和在教学活动结束时从整体上对教学成果进行综合检讨的总括评价是有明显区别的。形成性评价是为了及时掌握学生的学习成绩、学习态度、情感等的评价，以此激励学生的学习，帮助学生监控自己的学习过程。

在翻转课堂教学模式下，形成性评价的主体在学生。高校英语教师告知学生本阶段的英语学习目标，并给学生提供完成学习目标必备的学习资源。学习完之后，应要求学生给英语教师提供自己已经学习过这些学习资源的证据，若不能提供证据证明自己正在向学习目标行进，英语教师必须快速了解学生的知识理解水平，并当场根据学生的具体情况制订补救计划。当然，英语教师可以根据学生具体的情况提供不同的补救性措施。例如，英语教师可以让学生重新观看教学视频，以此再次了解本节课的要知道的内容，或者给学生教材资源让学生查阅相关资料等。

在乔纳森实施的翻转课堂教学模式里，他把掌握学生的实际学习情况比喻成GPS，既有追踪定位的作用，又有导航的作用。同样在此阶段教师的作用就是及时了解学生的知识的掌握水平，同时给予及时的指导，帮助学生走上正确的“轨道”。

在教师与学生接触中，主要以对话的形式与学生交流。具有教学经验的英语教师要确信自己的学生能理解教学目标，教师的任务就是提供教学刺激，推动学生进行他们可以达到的更深入的学习。要很好地了解学生实际的知识掌握水平，乔纳森提出了提问策略在形成性评价阶段中的应用。对于如何提升这种能力，乔纳森认为这是建立在教师个人素养之上的。他和同伴亚伦的建议是：多与学生沟通交流，理解学生；学生是潜在的、发展中的个体，学习学生的思维方式；帮助他们学习怎么样高效地学习。中国有句古话叫"授人以鱼不如授人以渔"，讲的就是这个道理。英语教师要了解自己的学生，要了解自己学生对教学目标的理解达到什么程度，英语专业教学的主要的目标是实现学生的成长。

2.利用总结性评价测试知识内化度

在翻转课堂教学模式下，形成性评价在学生对知识内容和学习材料的理解上尤为关键，它在学生知识架构的形成中扮演着重要的角色。然而，翻转课堂教学模式同样需要总结性评价，学生可以陈述教师对学习目标的掌握度。

在翻转课堂教学模式下，维克森林大学开创了一种独特的总结性评价模式。在美国，目前很多学校采用分数制、百分比制、A～F等级制评价学生的学业水平。虽然美国教育界认为这种评价方式并不能完全体现出学生的学业水平，但是仍然实行这种相对来说比较理想的评价方式。翻转课堂教学模式中的教学评价是在A～F评价环境下，学生要想证明自己对知识的掌握水平，则在每个总结性评价中必须要达到75%以上的比率。这个比例的制定并不是随意的，而是翻转课堂教学模式的实践者们在实践中根据基本学习目标创建的测试方式，以使得掌握关键学习目标的学生会达到75%。测定中剩下的25%的水平是能够通过其他目标获得的。这部分的掌握也是课堂中的一部分，但这部分目标在接下来持续地成功学习中也许并不会作为必要的部分来完成。那些没有达到75%或者更高比率分数的学生必须要再次接受测试，直到达到75%的掌握水平为止。当学生在某一方面存在困难时，英语教师要给予及时的帮助和提供补救的办法，给予学生达到目标的支持。当然，对于已经达到75%掌握水平的学生要想要达到更高水平也可以再次测试，这些都基于学生自己的决定。

翻转课堂教会学生的是要对自己的学习负责。当然并不是所有实施翻转课堂教学模式的学校都采用一种总结性评价的模式，具有不同历史和文化背景的学校会采用不同的总结性评价的方式。

3.基于标准的评分系统

在学校，学生仍然需要学分以此证明完成此课程的学习，因此教师必须要对学生的学业水平进行分级。这使翻转课堂教学模式的评价体系实现了改变。这种改变对于学生学习能力的培养至关重要。维克森林大学的两位教师提出了一种混合式的评价体系:部分采用基于目标评分加上采用传统的A~F评分。两位教师提出在成绩进入学生成绩册之前,总结性评价在学生的评分中占50%,剩下的50%的分数是学生基于自身的实际情况进行提升的形成性评价的部分。

翻转课堂完美地与基于标准的评分系统相契合。来自美国科罗拉多州威斯敏斯特区的阿达姆斯的50个学区系统采用了本区制定的更宽的等级评分系统。在他们的课堂中学生的成绩可以在不同的等级。这个学区教育部门的官员也致力于创新他们的评分系统。每个学校都有着自己本身的评分系统,实施翻转课堂教学模式的学校并不是要完全摒弃其之前的评分系统,而原有的评分系统能够在一定范围内进行创新,使原有的评分系统很好地与异步的视频教学这种教学模式相配合,更好地实现学生的终身发展。

第三节 高校英语金课建设

一、高校"金课"建设的基本认知

(一)高校"金课"的基本内涵

"金课"一词是2018年6月21日由教育部部长陈宝生在"新时代全国高等学校本科教育工作会议"上第一次提出来的,随即在高等教育界掀起了一股研究、实践"金课"的热潮。同年8月,教育部专门印发了《关于狠抓新时代全国高等学校本科教育工作会议精神落实的通知》(以下简称《通知》),《通知》中指出:"各高校要全面梳理各门课程的教学内容,淘汰'水课',打造'金课'。"

关于"金课"的基本内涵,在《通知》中可以概括为"两性一度",即高阶性、创新性和挑战度。其中,"高阶性"指的是大学本科教育在教会学生知识、培养学生能力与锻炼学生素质方面有机地融合,力求培养学生解决复杂问题的综合能力和高级思维。作为教育的理论研究者,要认识到课程教学不是简单的知识传授和灌输，而是将知识、能力、素质等三者结合，体现出高等本科教育的实效性。“创新性”主要体现在三个方面：一是课程内容具有前沿性和时代性；二是教学形式体现先进性和互动性，不是墨守成规的“填鸭式”教学，学生由被动接受转变为主动学习，在课堂上能够与教师进行良性互动；三是学习结果具有探究性和个性化，教师不再是答案的掌握者，而是通过学生自主探究的精神，去发现和探究学习结果，在此过程中不仅可以发现学生的个性特点，还可以挖掘学生自身的潜能，充分展现高等教育过程中的实效性。“挑战度”是指课程要有一定的难度，不是学生自学就能够完全掌握的，需要教师的引导和适当的讲解才能获得更加充实的知识。这就要求教师的备课内容更加丰富，课程结构更加合理，课堂节奏要适当。同时，对学生也具有一定的挑战性，主要表现在学生要在上课前做好课程预习，课堂积极思考，课后善于总结，才能增强学习的获得感。

“金课”的丰富内涵，对高校教师和学生都提出了更高的要求，在《通知》中也提到，要整顿高校的教学秩序，就要淘汰“水课”，打造“金课”。由此可见，“金课”是相对于“水课”而言的，所谓的“水课”就是低阶性、普遍性，教师不用心和学生有抵触性的课。通过“水课”的反面教学案例和教训，能为塑造“金课”积累经验，为“金课”建设形成更加成熟的认知。

（二）高校“金课”建设的意义

1.“金课”建设是高校本科教育转型发展的立足点

传统的本科教育观念是以学校开设的专业数量为重，以符合市场发展需求的专业个数为发展的立足点，对教师的要求仅限于能够按时完成教学任务，而忽视对专业内涵的提升。“金课”建设的推行，是本科教育开始转型发展的关键点，学校开始在专业课程上要求课程质量，在教师能力上要求提高综合素质。本科教育由重视量的发展朝着重视质的方向在迈进，要求在课堂一线的教师进一步优化课程教学，在课程内容设计上具有创新性和挑战性。由此看来，教师是打造“金课”的重要引领者和践行者，这需要从加强高校教师课程能力方面着手，以教师提升自我发展能力为出发点，提高课堂的教学质量，发挥高校本科教育的育人功能。可见，“金课”是以教育的主体为出发点，以课程为支撑，从最微观的区域开始改革，从而实现本科教育的转型发展。

2."金课"建设是增加学生教育实际获得的关键

习近平总书记在党的十九大报告中明确提出:"中国特色社会主义进入新时代,我国社会主要矛盾已经转化为人民日益增长的美好生活需要和不平衡不充分的发展之间的矛盾。"这个不平衡不充分在高等教育领域也有直接体现,学生在接受高等教育过程中的理想获得与实际获得之间存在一定的差距,这个差距就是教育领域中教师对知识的传授,与学生人格的培养以及人格塑造方面的不平衡不充分最直接的表现。"金课"建设是对教师在课前准备、课程内容及课后对学生的成长方面提出更高的要求,教师不仅是将课本知识传输给学生,还必须充分掌握在课本之外的扩展性知识和引发学生思考的知识,进一步培养学生的思考探究能力,提高学生的综合素质,不断缩小大学生在高等教育过程中理想与现实之间学习获得感的差距,助力学生在教育的实际获得上实现增量发展,将善于考试型的学生逐步转变为各方面均衡发展的、拥有健全人格的新时代大学生。

3."金课"建设是实现一流本科教育目标的突破口

"双一流"建设是目前高等一流本科教育的一个重要发展目标。建设"双一流"的关键点在于提升本科教育质量,而考量本科教育质量的前提是课程建设,推行"金课"建设,是改善本科教育质量的重要突破口,最终实现高等教育立德树人的根本目标。在课程建设方面的"金课"观点,是教育部在教育领域提出的新的概念;也是教师在教学上要接受的新的教育理念;同时也是改变教师教育教学观念的起点;是促进教师提升自身教育教学技能的阶梯;是发展教师课堂教学能力的机遇。与此同时,"金课"建设的推行,有利于学生在课程学习中感受到知识的魅力,实践能力得到锻炼,综合素养得到提升。可见,对于"金课"建设,每位教师都应从旁观者转变为课程的建设者。着力打造"金课",既是实现一流本科教育的"双一流"建设目标的有力举措,也是更好落实一流本科教育立德树人的根本目标的突破口。

二、英语"金课"的标准

高校英语金课建设概括起来有四条标准。

第一,高校英语及教学必须是与国家和社会的要求无缝对接的,而不是根据学生的语言基础，从可能达到的目标来提出所谓“一般要求”或“较高要求”。从2018年9月17日，教育部召开加强高校公共外语教学改革工作会议，明确提出把公共外语纳入国家战略，要求公共外语教学致力于培养既有专业又懂专业领域外语的“国际化复合型人才”，同年10月17日，教育部印发了“新时代高教40条”等文件，决定实施“六卓越一拔尖”计划2.0。提出以新工科建设为抓手，推动医学、农林、文科教育创新发展，培养一大批具有国际竞争力的创新拔尖人才，由此我们可以看到国家在外贸和科技等领域与国际的竞争和合作中，多么渴望高校英语教学能为国家培养具有较强英语交际能力的创新人才。

也就是说，高校英语教师必须改变传统的思路，改变基于新生当下英语基础和公共英语课时来设计教学目标的做法，而是直接对准新工科人才培养要求来培养大学生的英语能力，比如培养他们直接读懂自己所学专业的英文文献等等，从而有效汲取所学专业的世界前沿信息。

第二，高校英语教学必须是专业性的而非通用性的，即定位为学生的专业院系服务，根据学生的专业学习需求来设计课程。高校英语不是中小学英语教育的延伸，不仅仅是语言难度上区别，更是语言内容上的区别。它必须是专门用途英语而非通用英语。高校英语教材是因学科专业而异的，而非所有专业都通用。

第三，高校英语教学必须培养学生科学素养而非仅仅是人文素质。一些观点认为，科学素养是理工学生的事情，和文科学生无关。但是在西方高校，普遍提倡的是Steam（Science，Technology，Engineering，Arts，Mathematics），即科学是一切学科的基础。科学素养首先是信息素养，即培养学生汲取和判断信息真假的批判性思辨能力。由于世界知识的90%是由英语传播的，而我们又处在知识爆炸和信息飞速传播的时代，能从大量不相关的信息中很快汲取所需的资料，并通过分析和评价来综合这些信息，将其转化为能说明问题的证据，对大学生专业学习极其重要。其次，科学素养体现在用文献和数据说话。如果说中学的英语写作还可满足于从语法词汇角度判断一篇作文的好坏，那么到了大学，英语文章必须是基于文献（sources）和数据（data）的，即杜绝I think，I believe（我想，我相信）这些大话甚至空话。

第四，高校英语教学必须培养学生用英语提出问题和解决问题的能力，而非一味欣赏课文中西方“主流价值”或所谓的“心灵鸡汤”。如给学生选择“The Impact of Urbanization and Socioeconomic Status on Infant Feeding Practices in Lagos, Nigeria”（城镇化和社会经济地位对尼日利亚拉各斯母乳喂养的影响）等专业性期刊论文，让学生加以分析和研究作者采用了什么调查方法、调查范围、调查对象，问卷是否包括了农村背景、收入高低、社会地位、健康状况、家庭收入、宗教信仰、民族文化、家人影响等变量，同时鼓励他们在自己的周边人群中也进行类似的调查和研究，进而用英文写作小报告，这不仅锻炼了学生在实际的工作和研究中使用英语的能力，还提高了他们解决问题的科研能力。

三、高校英语“金课”教学理念

（一）转变教学理念，改革课堂教学方式

建设高校英语金课，教师要注重转变教学理念，教师要注重诱导、启发学生充分各抒己见，引导学生超越自我、超越老师。高校英语的每一堂课都要设定明确的教学目标，鼓励学生批判性地思考既有的理论、方法，并提出自己的见解、设想与独特的做法，完成富有个人特色的创造性工作。教学目标是课堂教学的核心和灵魂。

在课堂教学方式上，实施“以学生为中心”的课堂教学模式，鼓励学生探求未知的知识领域。在英语教学的课堂上，英语教师应着重培养学生用英语提出问题和解决问题的能力，尤其培养他们的思辨能力和跨文化交际能力。

（二）创造性地使用教材，聚焦培养语言应用能力

在英语教学内容上，英语教师的课堂教学不能仅仅限于现成的教材，而是要创造性地使用教材，对教材的内容进行大胆地改革、拓展或补充，创设具有高阶性的问题情境，促进学生对知识的拓展和应用。每堂课所教授的内容需要英语教师提前去设计、调整、丰富、完善，使教学内容变得更加现实、更加有意义和更富有挑战性。

英语教师应努力使学生自如地在日常交际中把“陈述性知识（语言知识和和语言规则）”与“程序性知识（如何运用语言知识）”相结合。要保证给学生提供足够的陈述性知识，加大教授学生程序性知识的力度，使学生能在具体的语言交际过程中灵活自如地运用所学的英语语言知识，

完成日常的英语交际。

（三）构建良好的师生关系，促进学习效率的提高

良好的师生关系能够有效地促进学生的学习主动性，提高教学效果，对学生具有润物细无声的教育作用，是教学质量的保证，是教育教学工作成功的基础。

英语教师要关注学生学习情感、态度的发展，构建起良好的师生关系。英语教师必须热爱英语教学，热爱学生。古今中外的教育家无不重视师生之间的情感关系，把师爱视为教师的美德，托尔斯泰说过"如果一个教师把热爱事业和热爱学生结合起来，他就是一个完美的教师"。

（四）重塑、端正学生的学习动机，激发学习兴趣

英语课堂教学应该注意培养学生学习外语的兴趣和信心，端正学习的动机。同时，英语老师要不失时机地运用生动、形象、诙谐、幽默的授课形式鼓励学生积极参与课堂教学活动，吸引学生认真听课、主动学习，让学生融入其中，乐在其中，学有成效。这样，学生的学习积极性能得到激发，从而会积极、主动地学习英语，而不再以考试为主要学习目标，使高校英语课堂教学回归教育的本质。苏格拉底说过："Education is the kindling of a flame，but not the filling of a vessel."（教育不是灌输，而是点燃火焰）。陶行知先生也说过："教学艺术就在于设法引起学生的兴味，有了兴味就肯用全副的精力去做事。"由此可见，学生的主动性和积极性是决定课堂教学有效性的关键[①]。

（五）创设有效教学情境，促进英语习得的进程

情景教学通过设计出一些真实、准真实的具体场合和景象，为英语语言功能提供充足的实例，并活化所教的英语语言知识。这种情景的生动性与形象性有助于学生把知识融于生动的情景之中，能够加快英语语言的"学习过程"和"习得过程"。使学生在"我乐意，我喜欢"的心境下与老师一起参与课堂活动，使整个课堂教学收到良好的效果。

（六）科学评估课堂教学，及时进行教学反思

教学评估是高校英语课堂教学的一个重要环节，它既是教师获取教学反馈信息、改进教学管理、保障教学质量的重要依据，又是学生调整学

①梁欣．大学英语混合"金课"建设探析[J]．国际公关，2019(9)：81-82.

习策略、改进学习方法、提高学习效率的有效手段。英语教师要及时地从教学目标、教学内容、教学方法和手段、教学效果等方面进行反思,实时改进,实现有效教学。

总之,高校英语教师只有不断更新教学理念,改善知识结构,增强教学能力,不断改进教学内容和教学方法,才能保证大学英语课堂教学的有效性,才能真正打造出高校英语"金课"。

四、英语"金课"建设的原因

纵观高校英语课堂教学现状不难发现,高校英语教学依然是以四、六级为导向,以四、六级过级率作为衡量学生英语学习的一个标准,而忽略了学生听说能力的培养。学生在上课过程中,很少开口说英语,由于高校英语班额较大,学生在课上回答问题的机会相对较少。此外,在课程设置方面,对听说能力重视的程度不够。英语听说能力一直是学生的薄弱环节,应该给予重视,这就要求高校英语教师要不断探索,积极打造"金课",淘汰"水课",适当提升课程难度,增加学生学业负担尤其是听说方面的课程难度,以此来构建新生态高校英语课堂。

第一,过分注重高校英语教师的主导地位,缺乏对学生主体性的体现。高校英语教学依然沿用旧的英语教学模式,教师是课堂的主体,学生则忙于课上记笔记,课下背单词和知识点,这在一定程度上扼杀了学生学习英语的积极性,使得"哑巴"英语现象尤为普遍。这就要求教师打破传统的教学模式,不断革新教学模式,以满足"金课"的标准,即高阶性、创新性、挑战度。教学形式呈现先进性和互动性,学习结果具有探究性和个性化。

第二,过分强调课堂教学的作用,对于课下学习没有足够重视。高校英语教学依然是以课堂教学为主,学生对于课下时间的运用没有得到有效的监督,这使得学生英语的学习效率不高。因此,教师应尽快调整角色,成为学生信息的提供者,学生学习的促进者和引导者,合作者和激励者等。教师还应成为课内外讨论及活动的设计者、组织者和参与者等。只有在平等和谐、相互尊重、共同学习的良好气氛中,学生的积极性、自主性、创造性才得以发挥,学习潜能才能得到释放,课下学习的能力才能得到逐步提高。

五、推动高校英语教学改革，打造高校英语“金课”课堂

2018年6月21日，教育部部长陈宝生在新时代中国高等学校本科教育工作会议上提出了消灭“水课”建设“金课”的概念。同年11月，在“2018高等教育国际论坛年会”上，教育部高等教育司司长吴岩表示“要消灭‘水课’，打造有创新性、挑战度的‘金课’”。吴岩司长还进一步表示“‘水课’就是低阶性、陈旧性的课，是教师不用心上的课，‘金课’可以归结为‘两性一度’即高阶性、创新性和挑战度”。

在国家高等教育教学改革的背景下，高校英语专业语法与写作教学改革已经取得了一定的发展，但仍存在一些问题，如学生英语水平较低，交际能力差，学习风气不浓，英语学习积极性不高，在课堂上表现出对英语缺乏自信心、被动听课等特点，这些问题是高校英语教学改革的“绊脚石”，也是高校普遍具有的硬伤，即生源英语成绩不高；但另一方面，学生也表现出思维非常活跃，敢于表达自我，自信心特别高等特点，这也是高校学生们的一个优点。针对学生的这些特点，高校英语教师要灵活运用语言的任务教学理论和多模态教学理论创造性地使用语言教学方法，提高学生英语学习的积极性和主动性，从而打造高校英语“金课”课堂。

第二章 基于翻转课堂的高校英语专业语法与写作教学

第一节 基于翻转课堂的高校英语专业语法与写作教学的可行性分析

一、当前高校英语语法与写作教学中存在的问题

(一)对英语语法与写作教学未能引起足够重视

在现行的高校英语教材中,语法通常都是贯穿在课文中,写作通常安排在每个单元的最后,属于精读教学的部分,高校英语教师一般容易忽略或者只是把语法和写作当成课后作业布置几个练习题,因而学生训练的时间有限,写作教学效果难以保证。而且由于教学条件有限和师资力量缺乏,担任高校英语教学的教师普遍感觉教学任务繁重,一些高校中一个教师至少要负责4个班的英语教学,周课时16节,有的教师甚至每周20节,教师尽管尽心尽力也难免出现照顾不到语法与写作教学的情况。再加上课本后的写作练习大多是指导性或规定性写作,语法教学也都是几个填空题或选择题,没有对于写作技巧和语法运用的介绍,如果教师没有及时补充这方面的知识,学生的写作和语法知识的学习就会比较零碎,缺乏系统性。

(二)写作和语法的教学模式陈旧

传统写作和语法的教学模式方法陈旧,通常采用的方法是首先由英语教师提供一个话题或讲出一个语法知识点,之后学生独立写作或者去做练习题,最后英语教师给文稿评分或判断习题对错,并指出、修改错误。这种语法和写作教学模式忽略了课前讨论、合作学习、自评、互评等。学生练习的批阅还需要教师耗费大量的时间与精力,作业发下去学生一般就看看得了什么分数或等级,然后就把作业本丢到一边很少再去回看自己做过的练习。可以说这种写作模式基本徒劳无功,学生会逐渐

丧失对语法和写作学习的兴趣，英语教师对这种费力不讨好的教学模式也感到束手无措，有时会更新教学理念，采用当下比较流行的交际教学或是合作教学方法，只是如何将这些理论用于实践开展有效的写作教学还存在这样或是那样的问题，因此，到底哪种教学模式能够有效提高学生语法和写作的学习兴趣与能力水平，值得进一步研究和探讨①。

（三）评价方式单一

传统写作和语法教学主要是看重学生的最终在练习或考试中答题的准确性，包括语法、词汇拼写、标点符号的正确使用等。教师的评价主要基于学生的练习或考试成绩，容易忽视学生写作和语法学习过程中遇到的问题，久而久之学生可能因为收获不大写作热情明显下降。再者教师如果只重视学生写作和语法运用的准确性，学生就难以领悟到写作和语法的真谛，教学效果自然很难令人满意。长此以往，可能导致学生对写作和语法的学习产生畏难情绪，甚至丧失学好写作和语法的信心。

二、高校英语语法与写作教学中运用翻转课堂的可行性

高校英语教师在采用翻转课堂的过程中，通常是借助信息技术以及网络技术，建立适当的网络平台，让学生能够更加自由灵活地学习英语知识，同时加强师生之间的沟通交流，让高校学生能够充分发挥主观能动性。满足高校学生对信息时代的认知，同时又能够有效激发学生对英语知识的兴趣，充分发挥翻转课堂教学的积极作用，促使高校学生英语水平的提高。

（一）教育发展方面

1.避免传统教学带来的不利影响

大部分高校英语教学课堂，采用的是传统教学方法，如灌输式教学方法。过度注重学生理论知识的掌握，并不注重实践能力的提升，因此使得学生并没有及时消化并转化英语知识，一定程度上降低了学生的英语水平。从教学方法来看，传统教学模式的应用，仅仅是通过教师口述进行传授知识，或者借助多媒体设备进行教学，抑制了学生同教师之间的沟通交流，没有充分发挥学生在课堂之上的主体地位。但是翻转课堂教

①杨精，杨叶．翻转课堂模式应用于大学英语教学的可行性分析[J]．科研，2015(47):68.

学模式的应用,对传统教学模式进行了有效的改善,转变学生在课堂上的被动地位,有效激发学生对英语知识的兴趣,提高学生的自主学习能力,进而提升学生的英语水平。

2.明确教师与学生的地位

翻转课堂较为注重学生在课堂上的主体地位,不再是被动地接受英语知识,而是能够主动进行学习,并且能够同教师及时沟通学习过程中遇到的问题,建立一种新型平等的师生关系。而教师也不再是传统课堂上的主导者,转变成学生学习过程中的引导者和陪伴者,引领学生更好地学习英语知识。在高校英语教学中应用翻转课堂教学模式,使得教师与学生之间的角色发生了转变,因而课堂时间的分配情况也发生了转变。教师在课堂讲解知识的时间减少,而学生自主学习的时间由此增多。

在此过程中,教师还可以借助小组合作学习的方法,有效激发学生的学习积极性,合理改善高校英语教学效果。由此不难看出,在高校英语课堂上应用翻转课堂的教学方法,能够充分满足以学生为主体的教学理念,从而翻转课堂教学方式在高校英语教学中具有可行性。

(二)学生学习及教学方面

1.学习方式转变——被动学习转向自主学习

在中小学阶段,由于“应试教育”、中小学生知识层面较低、自控能力较差等因素,学习多以被动学习为主,“老师讲、学生学”,学生在学习中的主体地位没有得到较好的体现。但是进入大学后,学校更强调学生的学习自主性,学生学习更多地依赖于自主学习而非被动学习。同时,基于高校在教育领域的定位以及人才培养目标,也需要大学生从过去的被动学习转向自主学习。翻转课堂则能够较好地体现自主学习的精神内涵,帮助大学生适应高校教学模式。从翻转课堂的特点以及高校教育与培养目标来看,翻转课堂是适合高校英语教学的。

2.学生主观条件——心智不断成熟

翻转课堂对学生综合水平有较高要求,需要学生学习基础比较牢固,并且能够自我控制。从大学生主观条件来看,随着身心发育的不断成熟,是非辨认能力与自控能力得到了明显提高,这是翻转课堂成功施行的重要心理保障。同时,我国严格的升学选拔制度,在一定程度上保障了大学生具有相应的学习能力与学习基础,从而为翻转课堂的可施行性提供了智力保障。从学生个人学习意愿来看,在年龄不断增长的背景下,对于学习根本目有更清楚的认识,是为自己而学的,中小学时期的"学习是为老师、为家长"的片面思想明显消退,这就增强了学生学习的主动性。此外,大学生拥有的个人可支配时间较多,这也提供了时间可能。

3.物质条件——各类素材较为充足

翻转课堂的施行还需要与之配备的物质基础。在物质条件方面,与中小学相比,高校所能提供的物质条件更加丰富。比如在信息化背景下,每所高校都有自己的局域网,学生可以通过寝室、图书馆、多媒体教室等获取相应的学习资源。

同时,随着5G的快速发展,几乎每位大学生都有互联网终端设备,能够方便翻转课堂的开展。相比中小学老师,高校老师能够更及时、更系统地掌握翻转课堂的最新理论与实际成果,在一定程度上保障了翻转课堂运用的科学性与先进性。

4.学科优势——深奥的英语知识点较少

从英语学科特点来看,英语学习本质是一种第二语言的习得,深奥的理论知识点较少,学习难度并不大。英语学习重点是构建相应的情境,营造交际环境,这恰恰是翻转课堂的优势。高校英语语法与写作教学中采用翻转课堂的方式,能够进行分组学习,通过建构各类符合语言学习的情境,营造更好的交际环境。同时,英语学科的素材较多,而且信息技术的更新发展也为课堂教学带来了丰富的素材,各类音频、视频等材料可以通过网络公开收集,素材准备成本相对较小。这有利于降低高校英语语法与写作教学运用翻转课堂的成本。

第二节 基于翻转课堂的高校英语专业语法与写作教学的一般过程

一、教学过程的含义

关于教学过程的界定,国内外专家学者的观点各不相同,可谓仁者见仁、智者见智,并且这些观点也是与时俱进的,可以归纳为以下几类。

（一）特殊认识过程说

特殊认识过程说是由苏联学者凯洛夫提出的，他认为教学过程是学生认识客观世界的一种特殊认识过程。它是以让个人认识达到当代社会的知识发展水平为目的，以人类已有的知识为主要对象，以追求在较短时期内传授大量的人类文化科学遗产为核心。

教学过程就是教师将前人积累的知识和经验传授给学生并使之接受的过程。教师根据一定的教育目的和教学任务，引导学生掌握系统的文化科学知识和技能，使学生由不知到知，由知之不多到知之较多，从而培养学生认识世界的能力。

（二）认识发展说

持这种观点的学者认为：教学过程不只是学生在教师引导下自觉地认识世界的一种特殊认识过程，也是以此为基础促进其身心全面发展的过程。在这个过程中，学生借助教师传授的知识技能，进而形成和发展各种能力和个性品质。另外，还强调教学不只是一个简单的认识过程，更是学生的各方面能力、素质得到发展的一个过程。由此可见“认识发展说”是对“特殊认识过程说”的升华，教师不仅意识到教学过程中学生认识活动这一方面，而且认识到了通过这种认识活动使学生各方面得到发展的深层意义①。

（三）实践说

这种观点认为：教学过程是教师在教育目标的指导下，借助教科书启发、引导、支持、促进学生主动地掌握文化工具，自发地认识客观世界，促使身心全面发展的一项社会实践；教学过程就是按照一定的社会目的、要求，为了引起、激发、调节和控制生理和心理发展而有计划、有组织、有系统地传递知识信息的实践活动。就教师而言，教学活动是教师根据一定社会的要求改造学生的过程，是改造主观世界的一种实践活动；就学生而言，教学过程是学生在教师指导下，积极主动地掌握知识、发展智力、树立一定的世界观、促进自身社会化的实践活动。在这个过程中，学生只有通过必要的实践活动才能完成一定的学习任务。

---

①张伟．基于微课的大学英语翻转课堂教学模式研究[D]．成都：四川外国语大学，2016.

(四)认识实践活动说

其主要观点是:教学过程不仅是教师引导学生掌握人类已有知识经验,从而使学生认识和改造客观世界的技能得到发展的过程,也是师生共同参与促进个性形成、推进个体社会化、从而改造主观世界的一种实践过程。这种观点从实践目的、实践对象、实践环境、实践方式及实践过程几个角度分析了教学过程中实践活动的特殊性,可以认为,这是对"特殊认识过程说"和"实践说"的发展。

(五)交往说

这种观点认为:教学是交往活动的一种特殊形式,是一种具有目的性、组织性和计划性的师生交往活动;在此过程中,如果没有师生共享的教学经验及成果,也就没有交往,就称不上是教学活动。教学过程不只是单纯的认知过程,而是生命力量呈现的过程,是生命意义实现的过程,是师生对于生命内涵的体验过程。在此过程中,不仅要学会知识与技能,而且要积累对教学活动的体验和感悟,更深层次的是要理解生命活动的意义,实现人生的价值。

教学过程是以师生交往、互动为主要形式。交往是活动的基石,互动是师生交往的主要表达方式。交往,是人与人之间最基本的存在方式,是指共存的主体之间的相互交流、相互沟通、相互作用、相互理解。师生交往的本质就是把教师和学生的人格精神在教育情境中相遇并有机融合。

交往不但是一种教学活动的方式,而且更好地体现了师生间的教育情境和精神氛围。就学生而言,交往开阔其心态,凸显其主体性,解放其创造性;对教师而言,交往不是单纯的传授知识,而是一起分享理解,同时兼顾人和"物",上课将是专业成长、生命活动和自我实现的过程,而不是无谓的"牺牲"和时光的耗费。

笔者基于前人的研究,提出自己对教学过程的看法:教学过程应该是在一定的教学内容的基础上,有规律有目标地实现师生间相互交往的一种实践活动,在此活动中师生相互促进发展。这里正是基于"翻转课堂"教学过程中,通过课堂实录的方式重现教学过程来分析研究教师教学和学生学习的行为。

二、基于翻转课堂的高校英语专业语法与写作教学的一般过程

翻转课堂教学阶段主要包括:课前学习阶段、课堂学习阶段、课后学习阶段。在三个环节中,又涉及多个具体流程。下面结合笔者英语教学实践,对高校英语翻转课堂教学流程进行介绍。

(一)课前学习流程

通过课前学习致力于促进实现学生的自主、协作学习,让学生掌握相应的知识点,并初步进行新旧知识的联系。对本次学习的重点与难点形成清楚的认识。学习素材是课前学习的物质基础,学生现状则是课前学习的前提条件。要保证课前学习取得效果,需要教师准确分析学生状况,并准备必要的恰当的学习素材。

在完成这些基础工作后,学生才能真正进行课前学习。基于此,课前学习分为准备与学习两个阶段。其中:准备阶段以老师为主,体现了老师教学主体地位,而学生的主体地位则主要在学习阶段得以体现。

学习准备环节,应该完成的教学任务为:学生现状分析、教学内容设计、学习素材制作与准备、学习小组划分等。学生现状分析主要是对学生前一阶段学习任务完成情况进行总结,全面掌握自主学习阶段的学生状态,包括学习兴趣、学习态度,分析学生由于接受新知识而导致学习状态发生的变化。同时分析学生在新知识学习方面可能面临的问题、困惑等。根据学生现状,以及设定的教学任务来对教学内容进行设计。教学内容包括:明确教学目标、安排学生学习任务、分解知识点、梳理重难点、教学效果评价方法等,并编制相应的教案。在这些工作完成后,根据教案收集或制作供学生使用的学习素材。学习素材包括课件、视频、音频、网络试题以及纸质材料等。最后,划分学习小组。学习小组成员一般3~6人,采用半民主半集中的方式分组。先由学生自愿组队。教师根据学生自愿组队情况,结合学生学习基础、性格特征等,对部分组员进行调整,达到“补差补弱”的效果。由学生与老师轮流选举(或指定)小组长。

完成准备工作后,由老师向学生讲解本次学习的内容、目标等事项,学生进入自主学习阶段。按照流程,自主学习又分为个人学习、团队讨论与(或)师生交流、完成课前作业、课前学习总结与成果形成等。通过

课外时间，学生能够进行素材学习。同时也可以通过互联网、图书馆等多种渠道自主补充学习素材。团队成员民主协商团队讨论时间、地点、形式。在团队学习中，相互介绍学习经验，对于学习过程中遇到的疑惑进行分析，集体讨论。将经集体讨论依然未获得满意答案的知识点列为疑难点，待课堂由英语老师指点。视课前作业性质，由个人完成或集体完成，如英语语法与写作作业一般需集体完成。在团队学习中，也可以就作业完成情况进行交流、相互答疑。最后，根据课前学习任务安排，形成相应的成果。

比如在高教版"面向21世纪课程"《大学英语》二年级（上）第六单元，有著名物理学家霍金的文章，英语教师可布置收集霍金生平的任务。因此霍金生平收集情况将会作为成果在课堂上予以展示。在课前学习阶段，英语老师要密切关注学生学习动态，并通过QQ、微信等及时答疑，帮助学生自主学习效率的提高。

（二）课堂学习流程

关于翻转课堂的课堂教学结构，目前尚未有统一的标准。国外翻转课堂教学多采用先学生发言（包括展示课前学习成果、学生或小组代表交流经验与体会、阐明课前学习不明白的知识点等）然后教师点评、总结的流程。笔者在教学中，发现该课堂教学流程并不完全适合我国大学生状况。以往传统教学模式中更多地是采取教师为主导的"填鸭式"教学，学生在学习活动中对教师讲授依然有较高的依赖。因此，笔者适当调整了高校英语翻转课堂教学的流程结构，增加了传统的知识讲授环节。具体而言，课堂教学结构流程如下。

学生发言、展示环节。学生或分组代表对课前英语学习情况进行总结与展示。总结主要侧重于不明白或者容易混淆的知识点，并列出相应的清单。同时，组织不同学习团队之间相互点评。学生团队相互点评侧重于优点与不足，要求言之有物不要空泛而谈。此外，根据课前英语学习任务和成果的特点，由各团队学生选择本次课前学习成果的优秀奖、最佳进步奖、最佳创意奖等。

学生发言和成果展示完成后，由老师进行知识讲授。并且基于学生在学习基础、学习能力方面的不一致性，尽量保证教学覆盖全部的学生，本环节与传统课堂讲授流程相似。但是，经过课堂学习，学生具备了一定的知识基础，而且在课堂前半段已经进行了相应的成果展示，因此英语课堂教学内容并不是纯粹的“全”。讲授内容根据在课前学习师生互动以及前面的学生发言与展示中所发现的问题，尤其是学生容易搞混淆的重难点开展，讲授更有针对性。对于学生基本已经能够理解的英语专业知识点，则不深入讲解。知识讲解完成后，一般有5分钟的课堂测试时间。测试方法既包括传统的“老师问，学生答”、发放课堂测验卷等方式，也包括创新的互动学习活动，比如“你问我答”“考考你”“知识小竞赛”等。最后，由老师进行总结点评，并布置课后英语学习任务。

（三）课后学习流程

翻转课堂教学中，就课后学习阶段而言，有利于巩固学生掌握知识。笔者在英语教学实践中，将课后学习分为学生学习、教师反思两个环节。如已完成计划教学任务，则还要准备下一阶段英语翻转课堂相关资料。

课后学生学习旨在进一步增强学生对英语专业知识的认识与掌握，以有效在于旧知识基础上引入新知识，进而形成有意义的建构。学生课后学习的方式包括：完成老师布置的课后英语作业、自我练习、参加英语角或者英语社团的相关活动等。其中完成英语课后作业和自我练习是主要的课后学习方式。英语课后作业由老师布置，自我练习则由学生自主选择。由于四、六级考试对大学生具有重要的意义，学生自我练习多围绕四、六级考试进行。此外，部分对未来职业有一定规划的学生，也会积极参与学校的英语角以及各类英语社团活动，以提高自己的能力。

反思阶段指的是英语教师对于整个翻转课堂的实施过程进行分析、总结。教学是师生互动的交流过程。通过教学反思，能够及时发现过程中的遗漏与缺陷，总结经验，以提高下一次课堂的教学水平。反思一般包括：本阶段教学取得的成绩、教学中存在的问题、教学改进建议、学生对教学的评价等。同时，还有必要强化个人专业知识的学习，不断提升教学能力。教学反思后，要准备接下来的教学计划与方案。

如已完成既定教学任务，则开展下阶段英语翻转课堂教学，包括分析学生学习中可能面临的问题、评价在下一阶段学习中学生是否能够接受翻转课堂并准备相应的课前学习素材等。

第三章 高校英语专业语法与写作金课建设的背景

第一节 高校金课建设的时代背景与实践策略概述

一、高校金课建设的新时代背景

（一）新时代的高校急需转变教学范式

当下是科技飞速发展、信息爆炸的时代，新旧知识更新迅速，传播快速而广泛，学科不断交叉融合。当代大学生思维活跃、对新鲜事物敏感且接受能力强。他们价值观多元化，常以自我为中心，强调独立自主，不易受外界压力干扰，具有较强的自主学习倾向。他们伴随着互联网长大，获取知识的数量庞杂、方法多样，不再仅仅限于课堂教学。网络平台提供了海量的图、文、视频、动画等形式多样的便捷信息资源，大学生完全可以通过网络资源获取最新的知识。大学校园的“00后”是互联网的主力军，他们不但具有从网络上获取知识的习惯，而且具有很强的能力，传统课堂教学对他们已经失去吸引力，而高校课堂中的“低头族”则越来越多。这些特点促使新时代下的高校必须转变传统教学范式，提升学生学习兴趣，引导学生自主学习。

（二）高校教学范式转变需要金课的引领

当前，很多课程仍采用老师讲、学生听的传统教学模式，缺乏有效互动，缺乏过程管理、反馈和评价，期末考试在学生学习评价中占比过重。这样的课程不是“水课”，也不是“金课”，可称之为“实课”。实课之“实”有两层含义：一是“实在”，指课程内容饱满；二是“老实”，即采用传统教学模式，缺乏创新性和挑战度。“实课”教师有意识到问题的存在，也有提升课程教学的愿望，但是缺乏改革思路和成功的参考范例。由上可知，高校急需打造一批能够起到示范作用的金课引领教学改革。当然，高校课程改革首先应淘汰“水课”，同时夯实并改造“实课”，从中锻造“金课”，当然金课的建设也应具有层次性，不能急于求成。

二、金课建设的实现策略

金课建设的实现策略必须依据金课标准制定，逐条化解。

（一）金课高阶性的实现策略

金课的高阶性是指知识、能力、素养有机融合，培养学生解决复杂问题的综合能力和高级思维。课程高阶性的实现可有两种方式：教师引导训练和教师主导的学生自主训练。教师引导训练安排在开课前：教师应首先将课程全部知识点融会贯通，明确各章节需要培养学生哪些知识、能力、素养，如何将章与章之间、节与节之间有机融合。然后，制订每节课的授课环节、授课形式、课堂活动、课后训练等，形成授课计划。授课中按照授课计划切实执行，而且必须采用启发式教学，启发学生沿着教师的思维过程思考明了知识间联系与脉络，培养综合分析和高阶思维能力。教师主导的学生自主训练安排在课后：教师设计案例分析、实战演练、前沿文献研读等学习任务，提供方法和思路，由学生自主完成。学习期间教师通过网络平台加强学生学习信息反馈，及时指导。学生自主学习掌握相关知识及其应用技能、了解学科前沿动态，培养学生综合能力和高级思维。

（二）金课创新性的实现策略

1.课程内容反映前沿性和时代性

高校英语教师在课前依据英语专业的行业需求、教学质量国家标准、工程教育专业认证标准和学校定位等确定课程目标和课程内容，然后精选教材、优化PPT讲稿、选定网络学习资源、组建试题库及教学视频库等。同时，紧跟英语学科前沿动态，及时掌握最新科研成果和行业动向，经理解消化后将其融入课堂教学中或组建案例库安排学生课后展开小组研讨。

2.教学形式体现先进性和互动性

将信息技术充分融入英语课程教学中，构建以学生发展为中心，线上线下相结合的混合式教学模式，将教师为中心转变为学生为中心，由灌输式转变为汲取式。充分发挥信息化环境和信息化教学资源管理平台的优势，打破学校界限、打破课堂界限、摆脱教材的限制。教师口译精选校内外、国内外的优质英语教学资源推介给学生学习，并通过网络平台与学生展开实时互动，对学生学习情况进行实时反馈评价。将传统的封闭式教学转变为多元化、开放式教学，为学生创造一个更为开放、广博、实时互动的学习情境。

具体实施设计：课前，教师精选优质英语教学资源推介给学生；学生完成英语课件资源学习及习题测评；教师进行测试数据分析。课中，教师通过提问，与学生交流的形式检测学生对已学内容的掌握程度，将需要学习的知识点、难点、重点等化作问题，通过师生共同交流探讨问题答案的形式完成英语学习任务，即所有知识不是教师讲出来的，是通过师生讨论问题的答案想出来的；此时教师提问与学生提问题交互进行，相互启发、共同讨论逐渐形成解决问题的思路，实现高阶性。课后，通过利用信息化平台师生交流实现个性化指导；教师完成形成性、总结性评价，依据反馈信息持续改进后续学习。

3.学习结果具有探究性和个性化

在高校英语课堂教学中，可以采用基于问题的学习方法(PBL)。英语教师将所要讲解的英语专业知识点化作问题提出，并提供解决思路，由学生探寻答案。随着英语学习的深入，教师不断抛出问题，学生不断探寻答案，最终完成整个英语学习任务。当最终问题解决时，不但能够使学生充分学习理解问题的精要，而且能够给学生带来极大的成就感，提高学习志趣。

在课后，可采用靶向创新创业的、以成果为导向的学习方法(OBLIE)，教师分析本课程相关研究领域的前沿动态、行业发展状况及实际存在的问题，凝练研究方向，设立研究任务，也可引入SCI期刊发表的或获得诺贝尔奖的、具有权威性的研究成果，将这些研究成果或行业问题设计成研究任务(此时任务要多元化、满足个性化)。学生组建英语学习小组，依据个人兴趣进行选择，分工协作共同完成研究任务。各项任务的完成需要学生综合所学知识、查阅前人研究进展、综合现有技术、分析问题解决路线、设计研究实施方案等，要求学生的研究成果应用具有学术创新或技术创新或能够助力学生创业。在研究过程中，师生要充分利用网络互动平台进行个性化指导，及时沟通交流，教师要严格过程管理，对学生进行过程评价。研究任务的设立具有创新性、任务的完成可实现高阶性和挑战度。

（三）金课挑战度的实现

如前文所述，完成金课教学任务，需要老师选定课程目标、凝练课程知识点、制作优质课件、娴熟地运用网络教学平台、设计合理的教学环节和教学活动、引入行业动态和学科前沿、凝练实战项目等，确保金课有深度、有难度。学生要在英语老师的指导下进行自主学习，英语教师要全面培训学生的自律性、学习能力、研究能力、总结归纳能力等综合能力。可见，金课对英语老师和学生均具有很高的挑战度。

第二节 高校英语专业语法与写作金课建设中的困境

2018年6月，教育部部长陈宝生提出高等教育要建设“金课”，吹响了强力提高课程教学质量的号角。课程教学质量是高校技能人才培养的关键因素，伴随着人工智能时代的到来和产业转型升级对高素质技术技能人才需求量的增加，高校“金课”建设已迫在眉睫。但是目前在“金课”建设过程中，依然存在着教师、课程、教材、环境等方面的困境，这成为高校领导者、管理者和专业教师需要正确面对和着力破解的一道道课题。

一、高校金课建设的现实困境

（一）高校开展“金课”建设理念存在分化

课程建设理念是课程在实施过程中的重要指导思想。高校开展“金课”建设，最重要的是高校建设的实践主体在课程教育理念上要持统一的观点，为高校开展教育建设活动在实施过程中减少阻碍。然而，高校课程建设的利益主体是高校教师，在推行“金课”建设初期，大部分利益群体认为目前的课程教育没有出现太大问题，学生可以接受，教师能够轻松应对，没有必要去另起炉灶，打造新的“金课”建设。由此可见，这些利益群体只看到建设“金课”对自己负面影响，认为“金课”建设可能会增加自己的教学负担，而并没有对“金课”进行深入的了解，对“金课”的核心概念“两性一度”仅浮于表面的理解，缺乏更深入的研究。

高校教师对“金课”的意义没有认识到位，自我感觉“金课”没有想象中的效果那么明显。教师们忽略了“金课”建设对教师和学生产生的重大价值和重要意义。正因为如此，高校教师在课程建设理念上就存在一个分歧，没有达成课程建设目标的共识，在一定程度上不利于“金课”建设的推行。

（二）教师主导“金课”建设动力明显弱化

高校教师既是高等教育课程建设的责任主体和实施主体，也是课程建设的主导者。高校课程建设的原动力是高校教师对课程支持力度的重要体现，“金课”建设的推行是检验教师对高校课程保持持续动力的本质要求。根据高校在课程建设方面的现状，在推行高校“金课”建设过程中，可以发现大部分教师对“金课”的推进持积极向上的态度，他们能够积极主动地对课程进行研究，创新课程内容、改善教学方法，以保持高质量的教学效果。但仍有少部分教师对“金课”建设不理不睬，他们在课程的开发、设计研究和创新方面动力不足，课程的主要实施者认为在课程选择和研究上需要浪费大量的人力、物力、财力，维持高校课程的现状比改革更省时省力。同时，高校教师作为课程的主导方，他们对“金课”建设缺乏积极的内动力，使“金课”建设在推行时就困难重重，这与国家的教育政策和课程在实施环节存在脱节的情况，不利于高校建设一流本科教育的发展，给培养新时代合格建设者和可靠接班人形成阻碍。因此，高校一线教师对“金课”建设的动力明显弱化，这是“金课”建设在推行中缺乏动力的关键因素。

（三）学生参与“金课”建设意识着实淡化

学生是高校本科教育的主要教育对象，是课程学习的主体，课程最终教育的实效性是通过学生这个主体反映出来，学生的参与性是课程能够顺利开展的关键因素。根据对本科教育课堂的观察，大学生的课程参与意识在逐渐地弱化。我国学生在学习方面最大的特点就是学习的积极性和主动性不强，经过高中教育模式的培养，已经形成按部就班的被动性学习习惯。因此，对于大学本科教育严进宽出的状态，大部分学生认为自己已经进入大学的门槛，在毕业时能够取得毕业证，对自己在本科教育阶段的表现就会漠不关心，在各方面都缺乏上进心。高校教育对

“金课”的推行，严格要求对学生实施“两性一度”的标准，这对于长时间处于一种松散式被动学习的学生来说，是无法接受的，对于部分具有较强自我实现意识和自我发展能力的学生状态来说，能够很快适应这种学习模式。在互联网日渐发达的背景下，大学生的空余时间变多，学生的娱乐项目也日益增多，互联网的大环境诱惑学生并占据学生的大部分时间，这类学生对“金课”的接受度是较低的。在高校本科教育中，学生是课程的主要参与对象和受众群体，学生主体意识的淡化、参与意识的弱化给“金课”的推行增加了难度。

（四）社会支持“金课”建设氛围有待强化

课程建设学校中的建设是一方面，更需要的是社会在资金、技术、氛围、环境等方面的支持，社会的支持为高校课程建设提供了良好的服务和保障。通过广泛的社会资源与高校课程需求相结合，营造和谐的“金课”建设氛围。社会上的校友资源是高校课程建设的宝贵财富，优秀校友的表现是课程建设取得明显效果的标杆，校友资源是“金课”建设的内推力。同时，社会上的产业资源和行业诉求是课程建设的最终输入场所，他们的支持是高校“金课”建设能够持久发展的指向标。广泛的社会资源与高校“金课”的发展态势和课程发展需求相结合，能够对学生进行正面的引导，在国家的教育政策上有一个良好的保障。在高校教育资金方面进行投入，在高校未来课程开发后学生的评价方面进行运用。这样，可以在课程建设方面形成一个教育闭环。就目前状态而言，高校的“金课”建设是高校呼声的号角，社会的支持度和参与性还需要进一步强化，如果社会支持的力度有所增强，社会的参与度有所提高，“金课”建设的局面就增强了一股助推力，“金课”建设的氛围是和谐美好的①。

二、高校英语专业语法与写作金课建设的困境

（一）教师之困——来源与能力之困

英语教师是高校打造英语“金课”的核心要素之一，是英语专业“金课”建设成败的决定性要素，是保证英语专业语法与写作“金课”可持续发展的重要支撑。从教师角度审视，高校在英语专业“金课”建设过程中面临三个困局。

①赵朝晖．高职院校“金课”建设困境略谈[J]．济南职业学院学报，2019(5):9-11.

一是教师来源与高校英语专业人才培养定位和课程目标存在矛盾。经过多年的发展壮大，高校对于“双师型”教师队伍的认识已经深入人心，但是在实际操作中，“双师型”教师几乎失去了原有模样。高校招聘的教师多是从各类高校毕业的研究生（硕士、博士），学术背景较为浓厚，而来自实践教学一线的技术能手、专业技师少之又少。教师来源结构失衡，导致“双师”变“双证”的现象一直无法得到有效解决，高校英语专业人才培养定位和课程目标的落实无法得到有效保障。二是教师能力结构与高校英语专业人才培养的能力要求存在偏差。教师来源结构失衡决定了教师能力结构也长期处于失衡状态，一毕业就进入高校工作的教师，学术训练多而实践操作少，形成了较为浓厚的学术性思维，而非实践性思维，其能力结构与高校英语专业人才培养目标存在差距。这些教师经过一段时间的教学历练和积累，可以较好地完成理论课程教学任务，但对于实践课程的教学无法完全胜任。三是实践教学课教师教学能力无法与高校英语人才专业技能实现有效匹配。高校现有的教师来源模式决定了教师队伍组成的二元性，即理论课教师和实践教学课教师的分类组成。这些实践教学课教师一部分是校内专任教师，一部分是从其他院校聘请的专任教师或兼职教师，这两类来源的实践教学课教师都存在教学能力的欠缺。

（二）课程之困——模式与能力之困

课程是高校英语专业语法与写作“金课”建设的核心载体，是“金课”与“水课”的主要区分。经过多年的建设与发展，高校课程体系已经从本科教育的“压缩饼干”变革为具备专业教育特色的课程体系，理论课程逐渐弱化，实践教学课程逐步增多。但高校英语专业课程建设依然存在着三个困局。

一是三段式课程开发模式困局。三段式课程模式是指课程体系按照公共课程、专业基础课程、专业课程三步思路建设而成，这种课程模式是本科教育课程开发的主流模式，其优点是逻辑性强、系统性强，方便学生按照知识体系的难易程度掌握专业知识，其本质依然是学科论知识本位的课程开发方式。这种课程开发方式极大限制了高校英语教师的教学思维和教学方式的革新，也忽视了理论知识和实践性知识之间的联系，有意忽略了实际教育生产的复杂性，不利于高校英语专业学生专业技能的成长。

二是教师课程开发能力困局。高校英语专业课程的主要开发者为高校英语教师，尤其是专业专任教师。由于高校英语教师来源结构失衡，专业实践能力不足，岗位实践经验缺乏，直接导致偏重于从学科论出发开发课程，虽然在课程知识选择中有意避免学科论痕迹，但是由于课程开发思维受限、开发能力不足，从宏观而论，高校英语专业课程开发与设置依然存在着很大不足。高校英语教师课程开发能力不足主要表现为：课程开发目标与人才培养目标吻合度欠缺，每门课程与课程体系的定位不清，课程内容的选择有效度不足，课程设置与技能目标达成对接不佳。

三是教师课程理解能力不足。课程理解能力是指高校教师对课程价值、课程内涵、课程与产业的关系、课程教学方式等深度把握和理解的能力，高校教师理解课程必须将课程放置于产业变化的大潮中加以剖析和建设，课程建设必须跟上技术的更新迭代和智能化。在人工智能教育快速推进的现在，高校教师对教育行业变化关注度和追踪能力有限，对新技术、新模式敏感度不足，导致高校教师的课程全局观依然欠缺，不能将课程开发、建设与教学放到社会发展的大局中审视，只在专业课程的微观环境中加以理解，局限了专业课程建设高度及水准。另外，在一个专业中，课程集体备课制度流于形式，缺乏有效的互通协商交流机制，无法起到集中研讨课程的基本目的，导致各门课程授课教师对课程的理解难以达成一致。在实际教学过程中，教师只能各自为战，无法在既分工又统一的课程链条下开展教学活动，无法让英语专业的每门课程都能够起到应有的作用。

（三）教材之困——管理与资源之困

教材是高校英语专业语法与写作“金课”的直接体现，是“金课”建设的主要支撑。一部高质量的教材可以影响教师逐渐改革教学方式方法，不断提升专业教育教学能力，可以让学生较为直观地感受知识的魅力和专业技能的美好，利于他们愿学乐学。单就专业课程教材而言，一部高质量的教材应有如下特点：教材内容紧密对接产业和岗位发展要求，蕴含立德树人因素，教材编写方式为校企双元共建，教材样式实现信息化和智能化。当前，高校教材建设存在三个困局。

一是教材管理制度落实困局。目前，高校大多成立了教学指导委员会或教材管理委员会，制定了相应的管理制度，但依然存在教材建设重视不足,教材开发、选用、评价管理弱化甚至虚化问题。教材开发资格审定不严,院校内部教材开发资格几乎不设标准、不设门槛,教师多根据自身需要而非专业发展需要开发教材,随意性较强;教材选用审定机制缺乏,任课教师的个人倾向和喜好色彩较浓,导致部分选用教材质量不高,甚至出现选用本科教材,无法精准体现职业教育专业教学要求;教材评价机制不完善,缺乏选用教材使用后的效果评价,难以开展教材使用事后评价,无法提出专业性指导意见,无法进一步有效提升教材的选用质量。二是教材开发主体单一化困局。高校教材开发的主体依然是高校教师,这种单一化的教材开发团队,在开发教材时很容易陷入学科化思维的陷阱,很难将英语专业知识和教育行业前沿理论融入教材内容。三是教材资源匮乏之困。随着互联网技术和人工智能教育的推行,学习者的学习路径从课堂延伸至课外,学习方式从线下单一式转为线下线上混合式,对教材和教学资源的要求也越来越高,但是,目前高校英语专业使用的大部分教材依然是平面化教材,教材所体现的教学资源极其有限。虽然,高校通过建设精品课程、资源共享课程、在线开放课程、专业资源库等方式解决了部分教材资源不足的问题,但对于英语专业而言,依然是处于教材呈现形式单一、教学资源匮乏的问题,教材的吸引力和使用效果大打折扣。

(四)环境之困——物理和心理之困

教学环境是高校英语专业语法与写作"金课"建设的外部条件,是"金课"有效呈现和使用的影响因素,是教师课程教学方式变革的影响因素。此处的教学环境主要指高校理实一体化的教学环境、现代信息化教学环境以及在此基础上形成的新式师生关系。在高校英语专业语法与写作"金课"建设过程中,主要受制于两方面环境因素影响。

一是新式教学物理环境建设之困。传统的黑板、课桌加投影的课堂,加教学物理环境已经受到人工智能教育浪潮的冲击,学习者已经难以安静、认真地听取教师讲授只能想象式操作的专业技能知识,教学物理环境急需更新。但是,由于高校领导者和专业教师的认知局限性,对建设网络化、信息化、智能化、理实一体化的新式教学物理环境还不太了解,如何大幅度改动现有教室格局或重新建设"教学工厂"图景不清,如何建设与专业知识技能相匹配的教学物理环境定位不准。另外,高昂的建设经费也成为新式教学物理环境更新的阻碍。二是新式师生心理关系形成与良性互动之困。新式教学物理环境建成后,师生关系必然发生内涵变化,真实的民主平等关系将逐渐形成,这将深刻影响高校英语专业语法与写作"金课"建设走向。师生关系的变化,对于高校教师产生了两方面的挑战:专业知识不断增加和教育教学能力持续提升的挑战。这两种挑战像无形的压力如影随形,将传统师生关系中教师的尊严一点点剥落。教师如不能主动适应和改变,主动建立对话、交流和教学相长的师生关系,会逐渐丧失教学主动权,无法掌控教学局面,也更谈不上传授专业技能和开展专业育人,语法与写作"金课"建设将无法实施。

高校英语专业语法与写作"金课"建设中的教师之困、课程之困、教材之困和环境之困,混合着人的因素、物质因素、环境因素、技术因素甚至文化因素,必须从多角度、多层面审视和解读,也必须从多维度探寻破解之道。

第三节 驱动高校英语专业语法与写作金课建设的资源保障

教育部于2018年发起淘汰"水课"、打造"金课"行动,计划到2022年建设2万门国家级和省级"金课"。课程是人才培养活动的核心,课程质量直接影响到人才培养质量,因此,"金课"建设将极大地提高高校人才培养质量。

当前很多高校主要通过投入资源来驱动"金课"建设,即对某些课程进行立项并给予经费支持的方式来推进"金课"建设。然而,高校人才培养质量不仅受到单门课程的影响,更是受到课程总体质量的影响,只建设少数"金课"难以从整体上改变教育环境、从根本上提高人才培养质量。由于资源的有限性,高校只能把少数课程建设成"金课"。高校若要建成大批"金课",唯有完善课程制度,以制度驱动来代替资源驱动。

一、英语专业语法与写作课程的资源建设现存问题

(一)基础英语课程的资源共享度低

在高等教育领域,尤其是在民办高校领域,类似于基础英语课程的精

品共享课程建设还不受重视,优秀高校的基础英语语法与写作课程在资源上的共享度还非常低下。高校的办学质量受到教学质量的直接影响,而优质的课程资源更是不可多得的提高教学质量的法宝。民办高校的基础英语课程的资源开发受到教育经费和优秀师资的制约,提高优秀的基础英语课程资源的共享是提高民办高校基础英语课程的关键方法。基础英语课程的资源共享度低主要是受到民办高校之间的学术交流和课程交流较少,只有少量的精品课程才会在网上进行公开和共享。另一方面,这也与教育界的知识产权挂钩,一堂精彩的英语语法与写作课是英语教师的知识产出,是否要免费公开给其他教师进行资源共享,这取决于授课教师自身的教育观念。但是随着大量的在线类开放式课程的出现,高校在共享课程方面有了进一步的探索,类似于高校MOOC也进入到民办高校,在高校英语课程方面的资源共享仍是值得期待的。

(二)英语语法与写作课程资源开发与英语专业结合不够

高校的基础英语课程的开发要与基础英语的教学目的相结合,很多民办高校把基础英语课程作为一门理论性的课程教授,而忽视了英语的教学是知识性和实践性现结合的教学。基础英语课程是为英语专业课程服务的,也是为学生的未来结业服务的,在综合型的素养提升和实践能力提升方面都是必不可少的一门课程。但是忽视基础类课程的微专业服务性和实践性是导致基础英语的课程资源开发不足的两个重要原因,尤其是基础英语课程与英语专业的结合。

英语专业作为为社会培养具备熟练使用英语语言的学生专业性学科专业,在英语的专业度上是要求很高的,这就要求作为基础类课程的基础英语能够打好英语专业的语言基础。基础英语课程资源不能脱离英语专业的专业性而自由开发,要在对于英语专业服务这一宗旨的基础上进行开发。

二、高校英语专业语法与写作金课建设的资源保障

(一)课程建设的物质配置和制度保障

高校英语专业语法与写作“金课”建设,离不开财物等资源的支持,但更离不开制度的作用,完善的制度是高校英语专业语法与写作“金课”建设的必要条件。资源驱动英语语法与写作“金课”建设是指高校通过

立项并给予经费支持的办法来推动英语语法与写作“金课”建设。英语语法与写作“金课”建设离不开人、财、物等各种资源的支持。人、财、物等各种资源影响高校的班级规模、教师待遇和教学条件等。如果缺乏资源，就可能导致班级规模过大、教师待遇过低和教学条件过差等问题，从而对课程质量产生不利影响，不利于英语语法与写作“金课”建设。如果高校通过增加投入来缩小班级规模、提高教师待遇和更新教学设施，虽然不能保证能够建成英语语法与写作“金课”但总是有利于英语语法与写作“金课”的建设。暂且不说高校资源不足，即便资源足够多，但如果配置不科学，不合理，不公平，也有可能对“金课”建设产生消极影响。我国高校资源配置不科学主要表现在重物轻人、重硬件轻软件、重购置轻使用等方面。教育是传承知识、熏陶人格和发展能力的活动，其质量主要取决于教师和学生的时间、精力、情感和行为等方面的投入。也就是说，在教育活动中，人的因素比物的因素更加重要，人的投入也比物的投入更为根本。因此，即使一所高校的资源很丰富、设备很先进、环境很优美，但如果师生投入教育和学习的时间、精力和行为都不足，那么，其人才培养质量也不会高。只有科学、合理、公平地配置英语专业教学资源，才能最大限度地发挥英语专业教学资源的作用，而这需要完善的英语专业课程制度及其他相关制度的支持①。

(二)基于课程大纲的课程实施制度

课程不只是一个文本，而且还是客体(文本)与主体(人)和主体(教师)与主体(学生)的双向对象化的实践活动，是一个动态、开放、创造的生成过程。从这个意义上说，“金课”是一个优质的课程方案及其在师生的创造性实践中得以有效地对象化的过程。因此，建设英语语法与写作“金课”，不仅要有一个好的英语课程方案和必要的财物资源，更要有师生的对象化实践。离开师生的对象化实践，就不可能有“金课”的诞生。系统周密的课程大纲可以减少教与学的随意性，增强教与学的规范性，是创设“金课”的保障。课程大纲通常包括教师信息、课程简介、课程目标、教学方法、课程资源、课程内容安排和成绩评定方式等内容。

课程大纲是教师教学的依据和学生学习的指南，同时也是师生之间

①叶信治．高校“金课”建设：从资源驱动转向制度驱动[J]．中国高教研究，2019(10)：99-103.

的一份契约，规范教学活动和师生关系，从而发挥保证课程质量的作用。一方面，把课程大纲作为教师教学的依据，规范教师的教学行为，教师应根据事先制定并经过严格审定的课程大纲来进行授课和评定学生成绩，而不能随意删减课程内容和降低学业成绩的评定标准；另一方面，以课程大纲作为学生学习的依据和指南，在英语教学课堂上，学生必须按规定到课，积极参与课堂学习活动，不做与学习无关的事情；在课外，学生必须按照课程大纲的要求，认真阅读学习材料、完成课程作业、参加课程实践活动。需要强调的是，基于课程大纲的课程实施不是教条主义的实施，也不意味着师生不能在规定的时间内和预定的主题内进行开放性对话和探索性实践，而要使课程实施过程成为一种生成性和创造性的过程，达到乃至超过预定的课程目标。

当前，尽管我国一些高校已经开始重视英语专业课程大纲的编制和应用，但英语专业课程大纲的作用尚未充分发挥出来。因此，英语专业课程实施过程的规范性不足，随意性较大，影响了英语专业课程质量。一方面，部分英语专业教师只求完成上课任务，对学生的课外学习较少关注，也较少布置与英语语法与写作教学相关的作业；另一方面，部分学生以获得学分为目的，只求通过考试，而不愿把过多的时间和精力投入到学习中，这就导致学生的知识掌握仅停留于记忆和理解等认知过程的低阶层面，而没有上升到应用、分析、评价和创造等认知过程的高阶层面。这就很难创生“金课”。“金课”是高阶性、挑战性、探索性和生成性的课程，需要留给师生发挥主动性和创造性的空间。因此，英语专业课程实施制度在规范师生行为的同时，也要充分信任师生，给予他们相应的权利，特别是要赋予学生更多选课的权利，让他们能够投入到自己感兴趣的课程上，从而增强学习的积极性和创造性，以高质量的学习促成“金课”。只有调动师生的主动性和创造性，才能让他们在创造性的课程实施过程中生成超出预期的成果。

（三）强调师生主体地位的课程评价制度

课程评价是指人们收集必要的资料以决定是否采纳、修改或删除课程的过程，其重点在于发现所设计、开发和实施的课程是否正在产生或能够产生预期的效果。高等教育具有传递已知和探索未知相结合的特征，不仅课程编制要为课程实施留有生成性空间，而且课程实施还要在此基础上创生预期之外的效果。而“金课”作为高阶性、挑战性和探索性的高校课程，其课程编制和实施更是要能生成预期之外的乃至创造性的成果。创生英语专业语法与写作“金课”的主体是教师和学生，师生既是被评价者，也是评价者，而师生主动、有效的评价及其结果反馈，有助于改进课程的编制和实施，提高课程质量，助推英语专业语法与写作“金课”生成。因此，课程评价制度应突出师生的评价主体地位，强调师生的互评和自评，确保评价结果能改进课程编制和实施。

1.健全学生评课制度

大学生接受过十多年的教育，对课程质量和价值都已经有了一定的判断能力，同时，他们作为课程的参与者、体验者和受益者，能够收集到课程活动最完整的信息，因此，他们是重要的评价主体。尽管学生评教存在一些问题，但它仍然是课程评价的一种重要方式，高校应该平衡学生评价课程的权利和责任，提高学生评价课程的能力，从而使之发挥更有效的作用。

2.落实同行评课制度

同行评价包括对课程编制的评价和对课程实施的评价，是对课程相对全面、深入和专业的评价。同行评价制度不仅有助于任课教师改进课程方案和课程实施活动，从而提升英语专业课程质量，同时也有助于评课教师在对他人课程的评价中学习和成长，进而提高自己所教课程的质量。此外，同行互相评价还有助于教师了解各自所教课程在整个课程体系中的作用，从而增强课程的关联性，使所有课程作为一个总体发挥作用。我国高校虽然有要求教师之间互相听课、评课，但由于各种原因，很多时候同行听课只是走过场，并没有真正被落实。一方面是教师之间并没有互相听课；另一方面，即使教师之间有互相听课，其评价也多以表扬和肯定为主，而较少批评和否定。因此，高校应该落实同行评价及其反馈制度，以专业性评价提升课程质量，促进“金课”生成。

通常情况下，同行评教只看教师教得如何，而不看学生学得如何，而且也只向教师反馈评价结果，帮助教师改进课程的编制和实施以提高课程质量。但鉴于学生的学习方式和学习投入对课程实施的效果有直接的影响，同行课程评价也应关注学生的学习情况并给予反馈，帮助学生改进学习方式，提高后续学习的质量。

3.加强自我评价制度

高校课程活动具有开放性、探索性和生成性,因此,在某种意义上,课程质量的提升是无止境的,只要教师和学生具有足够的内在动力,就总会有提升的空间。师生的内在动力既来自于他们的自我认可、自我强化,也来自于他们追求完美的态度和追求卓越的决心。英语专业语法与写作"金课"是一种英语专业师生在不断追求卓越的过程中自我实现的课程,因此,它离不开师生的自我评价。教师自我评价有助于教师发现课程的优点,更加自信地去探索和生成,同时,也有助于英语专业教师发现课程的问题,不断改进课程。学生自我评价有助于他们反思学习态度、改进学习方式、增加学习投入,从而提升学习质量,增加学习收获,同时也为后续课程的学习奠定基础,提升后续课程的质量,与教师共同创造英语专业语法与写作"金课"。所以,课程评价制度应鼓励师生在学期中和学期结束之后进行自我评价,及时改进课程,提升人才培养质量。

要想依靠制度来驱动"金课"建设,仅有完善的课程制度还不够,还需要其他制度如学生管理制度和教师人事制度等的支持。只有高校英语专业教师、学生和英语专业课程的各种制度都相对完善并能协同作用,才能规范师生课程行为和激励师生教和学的积极性、创造性,从而源源不断地产出英语语法与写作"金课"。

第四章 基于翻转课堂的高校英语专业语法与写作金课教学模式建构

第一节 打造线上线下“混合式”高校英语金课教学

2018年，教育部教育司司长吴岩在“中国大学教学论坛”上提出了“建设中国金课”的教育新理念，自此以后，“金课”“水课”成为教育领域热烈探讨和研究的话题，也是广大高校教师努力奋斗的目标。随着互联网、大数据和人工智能的发展，一大批线上教学平台蓬勃发展，为高校英语教育提供了新的教学平台。打造线上线下混合式金课，是高校英语语法与写作教学改革的重要方向。本节就高校英语混合式“金课”的建设进行探析，希望可以为高校英语改革提供一些思路。

一、混合式大学英语金课内涵

金课包括线下“金课”、线上“金课”、线上线下混合式“金课”、虚拟仿真“金课”和社会实践“金课”。而“水课”，则是指低阶性、陈旧性和不用心的课。混合金课的课程设置要有价值、有创新，对学生有帮助，内容组织、教学方法、考核方式都要匠心独运针对不同受众[①]。

当今社会对外语人才的需求发生了深刻的变化，教师要重新定位网络环境下的教学模式、课程定位、教师定位、学生角色、教学考核等方面，混合式教学模式颠覆了以往的传统教学模式，促进网络信息技术和外语课程的整合。高校更要努力结合现代化信息手段培养人才，营造出教学的良好气氛，开辟出智能课堂的新思路和新途径，探索混合式高校英语专业“金课”的应用模式。

---

①车继雁，黄亚楠．高校新生态大学英语课堂的构建——以“金课”为标准[J]．高等教育研究，2019(31):3-4.

二、打造线上线下混合式高校英语"金课"的途径

(一)教学设计

在打造混合式高校英语专业"金课"时,可以实施基于课堂和在线网上课程的翻转课堂等混合式教学模式,使学生朝着主动学习、自主学习和个性化学习方向发展。具体的设计过程中,要把握以下几点:第一,明确教学目标,高校英语的教学目标从以前注重知识性转化到了注重能力的培养,因此目标要符合高校英语专业培养人才的需求。第二,教师要握课程核心内容,组织特色化的教学内容,即提升课程内涵。教学内容上要具有创新性、特色性,不能只满足于现成的教材,还可以根据实际进行学习内容或资源的补充和拓展完善英语文化、交际能力、人文素养等多方面内容。教学材料来源要具有综合性、时代性、真实性,能反映二语习得外语教学研究的前沿。打造混合"金课"教学内容就要包括教材、微课、慕课和其他的优质教育资源。第三,在信息通信技术的教改环境下,混合式英语专业金课要用特色化的教学方法,服务于不同的教学目标。在进行教学时要充分考虑学生的差异化、个性化。2018年,教育部《教育信息化2.0行动计划》提出要"构建网络化、数字化、智能化、个性化、终身化的教育体系,建设人人皆学、处处能学、时时可学的学习型社会"。《大学英语指南》(2015)也特别建议要推动信息技术与课程教学的融合,"凸显现代学习方式的自主性、移动性、随时性等特点"。教学形式可以主要为任务式、合作式、探究式、项目式等方式。第四,特色化的考核——注重能力考核。高校英语专业语法与写作"金课"要做到以评促学,以往的考核注重知识的辨识和记忆,现在要转变为通过注重语言在场景中的运用和识别进行考核;从前教师对学生的评估终结性考核转化形成性考核,要基于多渠道的数据考核可以以MOOC/SPOC成绩+线下期末考核成绩+翻转课堂学生互评成绩的形式,进行智能化、个性化评估。

总之,高校英语专业教师要清楚教学目标、教学策略、达成目标的途径,以及检测是否达到了高校英语专业教学目标,今后将如何调整。混合高校英语专业语法与写作"金课"的设计要体现出个性化设计,具有一致性、科学性。

（二）主要构架

混合“金课”以在线课堂+实体课堂为构架，运用翻转课堂、MOOC，SPOC等线上课堂，实施基于课堂和在线翻转课堂等混合式教学模式。学生在线下进行自主学习，课上进行学习，实体课堂上学生可以进行探究式学习、讨论式学习或者交互式学习。即课下学、课上练的形式。高校英语的实体课堂建议为小班研讨形式，学生课下要准备好问题带着问题到课堂进行讨论、回答，教师则进行解答和点评。课上学生还可以展示自己的学习成果，教师也能通过这种形式把握学生课下学习的效果。

混合“金课”要实行翻转式的课堂，可以进行案例点评、研究辩论、项目探究、教师指导学生表演等形式的活动。实体课堂教师要以学生为中心，培养学生的英语语言能力、思辨能力和跨文化交际能力，而不是照本宣科。线上课程教师注重知识点的讲解，教学知识体系要进行完整性的覆盖，这是一种广度的学习；线下课堂教师则提供提纲、脉络、精讲、多练，这是一种深度的学习。通过这种课程再造，即要用新思路、新方法、新途径来优化课程内容，使学生具有更宽广的视野、更深邃的内涵。高校英语专业教师要“以人为本”，充分理解教学对象的能力、需求、偏好，创建有效的学习环境，提供多元的学习机会。

（三）实施教学改革

线上课程——翻转课堂需要用“问题”来引导学生思考和探索，由知识体系的课程转向问题体系，教师要注重把握控制网课的时长，明确研讨的是哪些问题以及预期目标。实体课堂——教师要将课程内涵从知识型转化为思维、能力型课堂，对传统的课堂教学内容进行更新改造。混合课程实施时要强化学生的自主学习，通过结合线上线下课程，首先在本专业进行“金课”探索实践，规划课程体系，设计课程体系的结构，改造传统课堂。使用线上线下混合式教学，创新课程使用特色、科学的教学方法，探索更多MOOC建设，运用多形式的翻转课堂。对混合式课程的评价可分为两部分：一部分是学生反馈——学生的参与度、所学收获、课程感悟以及对课程的意见和建议；另一部分是教师、专家、社会的评价。若本专业混合教学取得很好进展和成果，则可以带动其他学校进行教改，在MOOC等平台开放课程，开辟出一教师面对众学生的网络课堂，形成一师带动多校的局面，解决各地英语教育发展不均衡问题，并且带动更多的学校参与到教改，进行大规模混合教学实践，探索高校英语专业“金课”的创新性教学内容、教学方法和教学模式。

（四）设计案例

下面以高校英语专业语法与写作课程课前、课中和课后三部分进行设计分析。

课前，学生观看教学视频，根据教学任务的要求进行在线讨论，提出即将在课上要讨论或解决的问题，教师进行学习指导、答疑，学生之间可以互相回答问题解答部分疑惑。在课前，英语专业教师要根据学生反映的疑问、学生的学习情况制定和调整教学方案和教学手段。

课中，教师检查学生的预习情况。学生向全班汇报自己的学习任务情况，课堂上需要了解、学习和掌握的知识及要解决的问题。接着学生可以进行讨论，由学生互相解答，教师要适时补充英语专业语法与写作的语言文化知识。学生汇报讨论和学习的结果，教师进行点评，并且利用讲解、练习等方式帮助学生掌握英语专业语法与写作的语言知识点。学生在汇报完自己的讨论结果之后，利用在线工具完成一篇文稿，根据教师给出的评分方案进行互评，对文稿的语言、内容、句法等方面提出自己的意见。学生在课堂上根据教师的指令，运用学习内容来完成一个有意义的、有真实语境的活动。

课后，学生根据教师的反馈和同伴的意见完成文稿的修改，上传到在线学习平台，全班同学都可以查阅和分享。学生完成教师布置的相关任务，随时可以在线上寻求教师的帮助，为接下来的学习项目做好准备。最后，学生利用在线工具分享自己课前的疑惑是否得到了解答、学习的反思、学习的认知等。

第二节 “去水增金”打造高校英语专业语法与写作金课教学新模式

一、“去水增金”的基本内涵

(一)“水课”现象

1.“水课”的含义

目前学术界关于“水课”的解释总括起来有以下几种:“水课”是“没有学术要求、被学生认为没有实用价值的课”,或是“老师课堂管理不严、与专业无关、期末考核简单的课”,或是“教与学投入都比较低,学习收获不大的课”。通常认为“水课”具有以下基本特征:①学生缺乏学习积极性,课堂出勤率不高;②作业简单,考试要求低;③学习效果差,多为“混学分”。

综合已有论述,笔者认为,“水课”可从形式、内容、目标、效果等多角度进行分析。从形式上看,“水课”课堂教师要求松懈,师生较为随意自由,真正的教学投入少,学生课堂“抬头率”低,但课程又非常容易过关;从内容上说,“水课”课程内容肤浅、浮泛,缺少“含金量”,无理论深度和启发;从目标上看,“水课”课程目标多不明确,指向性不强,与培养目标的关联度低,不论是从学生的专业发展还是从素质提高而言,课程的贡献度都不高;从效果上看,课堂效果差,学生收获甚微,无课堂效益可言,学习动力不足,教学效能低下;从影响上看,“水课”带给学生的是对高等教育的“鄙视”,对高等教育的“误解”,不是正能量的输送,可能模糊学生的“三观”,影响学生未来发展的价值取向。

由此,我们给“水课”一个界定:所谓“水课”就是课程教学内容空洞肤浅,教学目标游离培养目标,课堂教学随意性大,教师投入精力少又缺少专业性,学生兴趣不高,缺乏学习动力又学习不用功而无法从中获得有用知识技能或德性修养,但获取学分较为轻松的课。

2.“水课”的类型

从课程视阈出发,“水课”可以之所以成为“水课”的原因分为两类。

(1)根源性“水课”

这类课程本身相对于专业培养目标而言就是“水课”,它无助于专业培养目标的达成,对专业培养目标的贡献度低甚至为零,我们称之为根源性“水课”。根据课程相关研究,不同学者对于课程存在不同的理解,有人认为课程是知识,也有人认为课程是经验,但对于课程,最基本的理解仍然是“目标或计划”。教育目的是通过课程实现的,课程必须依据教育目标或目的构成自身的目标,而课程目标都应关联专业培养目标,通过课程目标的实现达到专业人才的培养。对于高校课程,基本是遵循目标导向而构建的。而这类被称为根源性“水课”的课程,课程目标本身不能契合专业培养目标,课程内容虚浮或不成体系,课程目标甚至指向不明,课程内容没有“专业营养”,即便按照课程教学大纲执行,也对专业人才培养无济于事。许多通识课程中的“水课”都属于这种类型。

(2)获得性“水课”

这类课程本身专业性强,有内涵,课程目标明确而有指向性,对专业培养目标有贡献,但课程在执行过程中,由于教师教学过程“放水”,不能达到课程自身应有目标和要求,最终落实到学生身上的“经验的课程”成了“水课”,我们称之为获得性“水课”。根据古德莱德的“课程”理论,有五种不同形态的课程,即“理想的课程”“正式的课程”“领悟或理解的课程”“运作的课程”及“经验或获得的课程”。用不同的教师对同一课程会存在不同的理解,教师所理解或领悟的课程可能与理想或正式的课程之间存在一定的差距,而在课堂上教师实际运作领悟的课程时,由于受到教学环境及学习者反馈的影响,又会对课程随时做出调整,如此,学生在课堂中面对教师所教授的课程时,自我感受和体验到的才是最终获得的课程,即经验的课程。古德莱德指出,理想和正式的课程是完善全面的,但经过教师的理解和课堂的运作等一系列过程落实在学生身上时,有可能出现课程传递偏差、“营养”流失的情况。因此,一门原本设计不错的课程在经过不负责任或没有原则的教师实施教学后,最终落到学生身上就变了味,没了“含金量”,沦落为“水课”。一些教学能力弱、投入精力少、课堂要求低、缺乏责任心或“老好人”教师的课往往容易演变成这类获得性“水课”①。

3.“水课”形成的原因

（1）课程偏离培养目标

根源性“水课”的产生和存在大多源于其课程自身目标设定偏离专业培养目标，本身目标不清晰，甚至课程本身不具备大学课程属性。此类课程从开设之始就有“水课”之嫌，课程内容空洞贫瘠，教学目标模糊不清，从胚胎上就注定会成为“水课”。比如许多跨学院跨专业的选修课程，往往是为了满足学校管理部门关于各类课程学分的比例要求，学院根据自身师资队伍力量情况“因人设课”而开发的，或者是根据国家相关政策衍生出的热门领域而设计的所谓“通识课程”。对于跨学院的学生而言，这些课程并不契合他们的专业培养目标，不符合他们的未来发展要求，实用性低，对素养养成作用小。

但是，许多学生却又由于所学专业相关选修课程难度大而不愿意选择学习，为了修满学分毕业，而不得已来选择修习这类课程，课堂上即便以敷衍的态度对待，最后也都能通过期末考核拿到学分，这些课程对他们而言就是“水课”。一些打着“通识课程”旗号的课程，如“思维拓展训练”“恋爱心理学”等课，不仅课程教学目标与专业培养目标关联度太低，更重要的是，思维含量低，正如早期课程论专家所说，“学校课程应该是那些只有在学校里才能够获得而在学校外难以获得的经验”，而这类通识课程都是学生可以去图书馆自主查阅相关资料或通过自主学习和实践就能够轻易获得的知识技能，不足以或不需要被开发设计成为大学的一门课程。

（2）课程实施缺乏严格监管

即使是符合专业培养目标的课程，在其实施过程中，由于缺乏严格的教学过程监管，也有可能被那些教学惰性严重而又缺乏责任感的任课教师演绎成“水课”，使得课程在实施过程中偏离课程教学大纲要求。尤其是对于高校开设的所谓“特色”课程，授课教师因为缺乏专业性，难以深入理解课程的核心要义，或是没有足够精力和时间去准备授课内容，导致在授课过程中，偏离课程本身的目标，或达不到课程设定的目标。

①田园．避免“水课”打造“金课”：大学英语课程资源的开发与利用[J]．课程教育研究，2019(34)：1.

有些课程即使学生意识到教学要求降低了，教学内容缩水了，但由于这样学生更容易拿到学分，所以师生双方似乎无形中达成一种“默契”，“我省时省力省事轻松上课，你愉快通过考核拿到学分过关”，也相安无事。

这种现象之所以长期存在而得不到改善和解决，正是由于教学监管的缺失。许多高校三五年都是教学事故零记录，表面上看似乎是教学管理严格的效应，而实质上恰恰是由于管理松懈、大事化小、小事化了的结果。所以，授课质量无人反映、监管不力、“各取所需”的局面为“水课”的产生提供了温床，导致一些原本设计出彩、符合培养目标、能够涵养学生的课程，也因此被师生共同演绎成了“水课”。

(3)高校轻视教学考核结果

大学具有人才培养、科学研究、社会服务三大职能，落实到大学教师身上，就是上课、科研和服务地方。职称的晋升是高校教师的“命门”，而当前教师职称评定重视科研成果，轻视对人才培养起重要作用的课程教学业绩考核结果。在学校的绩效奖励制度里，对科研的奖励远超对教学的奖励。在这种“重科研、轻教学”的评价考核、职称晋升机制里，许多教师为了自我的更快发展，或迫于升职压力，或为了获得更多的奖励绩效，将精力更多地投向课题申报、项目开发、论文发表、著作撰写、专利申请等方面，无心认真进行课前准备，教学内容陈旧、教学方式单一、教学思维简单、案例与时代脱钩、考试考查标准不严，有些教师课件几乎几年不更新，每年都拿来使用，这些做法减轻了教师的工作量，可以为教师节省更多时间进行科研，但却无法保证课堂教学内容的深度和广度，课堂上无法调动学生的学习兴趣和积极性，教学质量根本得不到保障。轻教学、重科研的教师考核评价机制对“水课”的产生起到推波助澜的作用。

(4)师生存在敷衍心理

从社会层面来讲，人们对于大学或高校教学存在偏见，认为大学学习轻松，大学生有很多空闲时间做其他事情。也因此，许多家长在教育孩子时总是说“你现在学习是累了点，但你考上大学之后就轻松了”，从中小学就灌输大学学习轻松的思想。同样，中小学教师给学生同样灌输这种思想，大学是无压力的地方。这都向尚未跨入大学校门的学生暗示着大学的“日子好过”，考上大学似乎是一劳永逸的事情，学生的思想也就如此被早早地“熏”坏了,进入大学刻苦学习的精神没有了。正是由于社会文化里对于大学教学的偏见或轻视,我国大学又是“严进宽出”,大学课程教学质量没有严格的评价标准,多根据“学评教”分数,而作为教学主体的大学生,又普遍存在修满学分过关的敷衍心理,除了真正的专业课以及于就业有益的课程,学生们更倾向于选择容易“蒙混过关”拿到学分的课程,这为“水课”的滋生提供了环境。基于这样的心态,再加上一些教师也抱有“我这只不过是那么多门课程中的一门课,对学生的发展不会有什么影响”的心态,不难想象,这样的师生合作下来的课程效果会是什么样子。学生散漫学习而只求过关,教师迎合学生心理而获得较高教学评价分数,大有“一拍即合”之势,“水课”也就暗中汹涌。

(二)“金课”的层面与维度

1.“金课”的层面

在高等教育外延扩张的时期,内涵的发展没有全面跟进,高校教育教学方面存在一定的不足,加之重视科研提升绩效致使教育教学弱于科学研究,高校教学方面存在“水课”。“水课”就是课有水分,中国传统文化中用“水分”作为比喻,无论指称什么对象与内容均为一种否定、贬义。用“水课”指称课程、课堂教学都是对本科教育中课程、课堂教学的一种不满与否定。淘汰“水课”就是去除课中的杂质成分,使之成为“金课”。“金课”的本质规定性则是通过落实教育教学的基础性,实现“人才培养”的中心地位,从而实现“立德树人”的根本任务。“金课”的境界就是通过教育教学实现人才培养。新时代,我国高等教育正在迈向普及化阶段,与之伴随的则是世界范围内新一轮科技革命和产业革命,我国经济发展方式的转变,国家创新升级对人才的需求前所未有。“教育内在发展的大逻辑和国家发展的大逻辑都对高等教育变革创新提出了新的更高要求。”因此,承载教育教学的课堂就有了新的内涵和规定性。

(1)目标层面

教育目的、教育方针是国家对人才培养的目标要求,教育教学需要对国家的人才培养目标有准确的认识。人才培养方案、教育教学要深刻学习贯彻全国教育大会精神,落实培养德智体美劳全面发展的社会主义建设者和接班人的新要求。学校的培养方案要按照“新时代全国高等学校本科教育工作会议”精神的要求,落实立德树人的根本任务。具体而言,教育教学体现人才培养方案的要求和精神。“人才培养方案既是本科教育的‘宪法’,也是教学环节组织实施和评价的依据,还是重塑教学的前提。”在教育教学过程中,“金课”能够充分体现学校确定的培养理念与定位,准确把握学校的培养目标、质量标准、课程体系,始终知道“为什么教”。

(2)人格层面

教育教学是培养人,是完善人格、培养健全健康个性的活动。诚实诚信、坚强勇敢、自强自立、探索真理、崇尚劳动、尊师爱生是健康人格的重要品质特征。健康人格是健康和谐社会的基础,是美好生活的基础。

高校课堂人格培养不能缺位。在课堂上,教师不仅需要培养学生健康的人格,更为重要的是本身要成为人格榜样。教师的举止言行、课堂讲授、无不传达着教师人格的信息,影响着学生,成为学生学习模仿的榜样。终身学习、改革创新体现着人格的积极进取,给学生探索的激励与鼓舞。终身学习、改革创新意味着知识的积累与沉淀,意味着对知识前沿的把握,意味着科学研究的新探索。充满正能量的教师是奋斗进取的教师。教师在进取中成长,大学生同样在汲取教师知识的同时成长。

(3)价值层面

刚恢复高考时,流行“学好数理化,走遍天下都不怕”的学习理念,在教育价值导向上是知识性导向。而今,高等教育的价值观正在实现由知识本位向能力本位并进一步向学生本位转变。长期的传统和习惯认识的转变是艰难的。长期重视教育的工具属性而忽视教育价值属性的传统,使得教育教学忽视了学生创新意识、创新创造能力、创造思维、情绪情感、态度的培养。在教育的价值性方面,不仅要使大学生在各类活动中实际能力和作用得以开发和提升,发展和增强其行为的有用性和功效性即“身有所为”,而且要对大学生的价值观、人生观、审美观、世界观进行培育,发挥价值性教育在构建和引领大学生的精神世界、人文情感、人格品行、审美意识、生活态度、社会倾向等方面的作用。高校、社会越来越认识到不仅健全的人格、健康和谐的个性是重要的,而且价值观的教育更为重要。新时代的科技革命迅猛发展,个体从来不能指望科技的进步会让个体的价值观自动提升,个体需要接受德智体美劳全面的教育,而价值观的教育尤为重要。人的现代化和人的全面发展的滞后,是高等教育必须重视的问题。

不管教育发生如何转化,依然是围绕着“人”的基本预设展开,高校教育的核心从来都是围绕“培养什么样的人,怎样培养人,为谁培养人”进行。不管教育观点是否认为“人是自然的一部分”,还是人具有明确的社会归属,人都是社会价值的体现。孔多塞认为,人类总体的进步,必须成为教育的至高目的,人性的一般预设恰恰提供了人类共同福祉的可能。这种观点体现了同时代及其后思想家和教育家的共识,无论就个体、政治共同体和人类总体来说,皆有一个连续、完整的自然目的,因而这种自然也是历史的、文化的和精神的最终目的,人的教育无论从主观还是客观,无论从自然还是社会方面来说,都是具有价值性的。因此,人的培育无论知识如何展开,价值观的养成、品德的培养是客观存在的。正如赫尔巴特提出的“教育性教学”:没有任何无教学的教育,也没有任何无教育的教学。任何教育教学都是有价值性的、有社会倾向性的、有德性要求的。

新时代文化自信的提出,自信谱系的建立,增强了高等教育自信,坚定了“德”之培养的信心。“培养什么人,怎样培养人,为谁培养人”是在建设社会主义强国过程中始终要的问题。习近平总书记强调:“培养什么人,是教育的首要问题。教育就是要培养中国特色社会主义事业的建设者和接班人,而不是旁观者和反对派。古今中外,每个国家都是按照自己的政治要求来培养人的。”分析教育史,分析欧美高等教育历程,包括19世纪末美国开始的“回归本科教育、重塑本科教育”、英国进行的“卓越教学框架”等,本科教育问题从来不是教育的议题本身,而是整个现代社会确立典范和秩序的着眼点,也是塑造人的最高理想形态的出发点。所以,课堂是德育课堂,是价值观的课堂。

2.“金课”的维度

时代对人才质量的需求变化了,那么培养人才的课堂或者课程内涵也需要发生变化,分析把握这些变化,应从下面两个维度打造“金课”。

(1)能力导向、广博专精的知识结构

专业教育是高等教育的本质特征,高等教育通过教育教学形成学生完备的专业知识结构体系。现代社会分工越来越细,也越来越走向整合,未来最具竞争力的知识结构是建立在广博知识基础之上的精深专业结构。著名人类学家格尔茨认为,跨学科知识的整合学习与研究不仅是创新知识领域,而且也是创新知识规则的改变。跨学科的整合是广博的基础,课堂需要在广博的基础上实现“专精”。

目前课堂教学中传统知识的导向观占据着主导地位,课堂教学传授的是学科结构知识,与培养目标不能有机统一。课堂停留在学科知识,“教学局限于教书,教书局限于课程,课程局限于课堂,课堂局限于讲授,讲授局限于教材。”其结果是教师如果不讲课就不是教,学生如果不听就不是学,或者教师离开讲,不知道何以教,学生离开听,不知道何以学。

构建能力导向,广博精专的知识结构,不仅需要人才培养方案的创新设计,也需要教师教育教学能力的创新和课堂创新。课堂需要精准把握通识教育与专业教育的关系,关注为“生活准备”的人的成长,关注人格养成与理性发展,关注“职业训练”培养职业能力。课堂能否实现此类平衡,可否实现这样的结果,与主讲教师、教学模式有直接关系。

“金课”基本的核心意义就是知识与能力,就是知识的新旧程度、探索程度、广博程度、能力的发展水平、创新能力的培养程度。任何高校课堂如果没有学生新知识的建构,这样的课堂会是苍白无力的。从教学的角度而言,建构主义认为学习就是学生对未知知识的主动探索,不断变革,从而建构对课题意义理解的过程。

从更大的层面来看,高校缺少知识建构的课堂,就不会有本科优质课,就不会有一流本科教育,所谓卓越高校也是失去了灵魂的卓越。中世纪大学的情况如此,近代大学也是如此。柏林大学被美国大学超越,就是因为美国大学如麻省理工大学、加州大学伯克利分校等紧紧抓住科研前沿的“牛鼻子”,从而超越欧洲高等教育。中国近代史上的清华大学、西南联合大学所以称为当时国际知名的大学,其原因之一是“注意将国内外最新的科学研究成果引入课堂教学,引导学生及时了解世界科学前沿”。

(2)创新创造、理实一体的实践教学

20世纪90年代起,高等教育首先从高等职业教育开始,到应用型高校的转型,意味着由知识本位向能力本位的转向。高校由认识阶段,到观念的转变,再到行动的转变,是艰难的。尽管人们认识到教育必须与生产劳动、社会实践相结合,但真正实现校企合作、产教融合依然艰难而漫长。能够突出创新创造、理实一体的实践教学对主讲教师来说也实属不易。

新时代，新一轮科技革命挑战高校存在的价值，冲击着高校课堂教学。美国发布的《2016—2045年新兴科技趋势报告》，分析了未来30年物联网、机器人与自动化系统、智能手机与云端计算、智能城市、量子计算、混合现实、数据分析、网络安全、社交网络等20项最值得关注的科技发展趋势，可以预见的是，这些新兴科技将改变人类行为方式、产业结构形态、商业模式、学校形态、教学模式，其改变需要人才培养模式和课堂教学的相应改变。

高校课堂应该做些什么，主讲教师需要做些什么，需要高等教育教学及高校教师的想象力。2017年澳洲青年基金会发布《新基础：大数据显示年轻人就业新常态所需技能》指出了三年时间里企业选择年轻人的技能要求情况，要求解决问题提高26%，创造能力提高65%，批判思想提高158%，在数字技能方面，数字素养提高212%。产业形态、商业模式的改变，对大学生提出了新的要求，这都需要教育教学、需要课堂来培养。

培养学生的创新创造能力，要有实际的教学手段，需要进行实际的训练，需要实验实践，需要理论实践课程一体化。教师转变观念，树立实践教育的理念，创新之根在实践。就创新而言，广博的知识是基础，优秀的思维品质是关键，实践是创新根本。实践教学，大体上可分为三个层次：第一层次依附于理论教学，在“学中做”；第二层次独立于理论教学，在“做中学”；第三层次与理论教学相融合，在“做中思”。创新课堂是“做中思”，在思考中解决问题，验证问题，创新检验思维，并获得真知灼见。不仅理工科课堂需要实践，文科课堂同样需要，要确实调动学生学习的主动性，去掉“水课”。创新课堂是有难度的，是新挑战。学校应帮助教师改变实践教学资源匮乏的现状、实验教学照猫画虎的状态，支持教师改变不是做实验而是看实验或者是看演示的教学困境，改变学生实验课成为做作业、习题的教学状况。

完美的一堂课需要多方面的锤炼，也需要多方面的维度衡量。这种维度是兴趣维度、简约维度。课堂是知识的获得，是技能的形成，是科学的攀登，但这并不意味着晦涩难懂，深奥难明，课堂可以饶有趣味，充满情趣，激发兴趣。简约维度就是把复杂的学问简约化。课堂的时光是有限的，有限的课堂时光如何充满品格锤炼、知识增进、情趣盎然，需要教师高超的教学艺术，做到"让学"。世界是复杂的，也是简单的。简约不是简单，简约是高纯度"金课"。

"金课"要沙里淘金，其重要的维度就是金子般的知识和创新知识的能力。改变教育理念，把握课堂层面要求，课堂上突出创新创造能力培养，通过理实一体的实践教学，形成学生广博精专的知识结构，这就是"金课"。

（三）"去水增金"的意义

第一"去水"是以市场为导向的课程退出机制创新。这里所说的"市场"，并不是所谓"高等教育产业化"的翻版，而是说课程作为高校提供给消费者的最重要"产品"，其产生、成长、成熟与衰落过程，要受供需规律所制约。当前一种很有代表性的观点认为，课程本身并没有"水不水""金不金"之分，任何一门课程对学生知识结构的形成都很重要，只是我们在教的过程中给它注了"水"或添了"金"，把它教成了"水课"或"金课"。

第二"增金"是以现代信息技术为支撑的优质课程生成模式创新。如前文所述，我们不能将一门"水课"通过"挤水"而变成"金课"，也不能苛求通过"添金"而"添"出一门"金课"来。我国高校现有课程体系已经相当稳定和成熟，它是由无数教师经多年来精心打造而来的。尽管存在不少问题，但如果没有重大机遇，光靠在原来基础上修修补补，则优质课程的增长空间十分有限。那么，增量"金课"从何而来？换句话说，现阶段高校优质课程的生长点和动力源是什么？系统论观点认为，任何有机系统都是耗散结构，只有当系统从外部获得的能量大于系统内部消耗散失的能量时，系统才能不断发展壮大。历史发展规律告诉我们，正如每一次产业革命都是由技术革命引起的一样，教育的变革和发展也是由教育技术来推动的。比如文字的出现、印刷术的发明、光电技术的应用等，都对教育变革发生了重要的推动作用。目前，以信息技术为代表的第四次技术革命扑面而来，它对高等教育的影响将是空前和颠覆性的。

第三"去水增金"是以学生为中心的多元课程质量评价体系创新。当前，谁是"金课"、谁是"水课"，这事儿到底由谁说了算？换句话说，在高校课程"去水增金"的淘选过程中，大学生有没有发言权？按说本轮课程教学改革坚持以学生为中心的价值取向，因此大学生参与高校课程教学质量评价是其应有的权利。但是，如果不彻底改变传统的课堂、教材、教师“三中心”现状，大学生参与课程教学质量评价只能是一句空话。因为高校教学质量评价体系经过多年建设已相当完善，完全适应了大工业时期班级授课制所固有的标准化、批量化、规模化特征。其中，考试是对课程教学质量的基本评价方式，它以测量学为依据，通过对学生学习效果的测量来反映教师教的质量，并通过教考分离制度提高考试的信效度；听课是对教师教学活动的另一种有效监督方式，它通过对课堂教学的现场观察而对教师的业务水平、教学方法、教学态度等做出评价，评价者包括教师、管理人员、督导人员等。选优是近年来才得到重视的课程教学质量评价手段，它成型于高等教育“质量工程”，几年来评选出数千门国家级精品课程，以“教指委”成员为代表的一大批专家学者由此走上了课程教学质量评价的前台。与这些成型的手段相比，不少高校所尝试的“学生评教”活动，其效果及影响力则要逊色得多。尤其由“学生评教”引起的师生关系紧张问题，成为教育界诟病最多的地方。究其原因，目前实施的“学生评教”制度并没有跳出传统的“三中心”窠臼，学生的愿望、需求、感受、态度等都不在考虑之列，使得评价手段与目的之间发生了严重的脱节。调查显示，很多高校“学生评教”的问卷或量表往往是从教师的教学态度、教学内容、教学方法和教学效果等几个方面来设计的，“尽管学生参与了评估，但却往往成为他人的代言人”。因此，确立学生的教学质量评价主体地位，核心是改进学生评教的内容和方法，前提是落实以学生为中心的教育理念。

二、构建新生态高校英语课堂

（一）教学模式的转变

以“金课”为标准，构建4T1E教学模式。“4T”指的Teaching Platform（教学平台），Teaching Time（教学时间），Teaching Form（教学形式）和Teaching Assessment（教学评价）。“1E”指的是Ecological Resources（生态资源）。

具体来说是借助不同教学平台（Teaching Platform），在有限的教学时间（Teaching Time）内充分利用现有的生态资源（Ecological Resources），采取多种教学形式(Teaching Form),创造出动态、和谐的教学环境。另外,采取多种方法、多个维度、全方位评价教学,实现教学评价的生态型(Teaching Assessment);注重结果考核的同时,加强学习过程的考核;既注重学生的认知能力,也重视其情感行为能力;既考查学生学习态度、学习行为、学习效果等情况,也考核和评价教师的教学过程;除了师生互评,还把同学互评、学生自评有机结合,通过这种"4T1E"模式建立的英语生态课堂能够使学生随时获得令其身心和谐发展的综合性以及整体性教育体验,在一定程度上为"金课"的实现奠定基础。

(二)高校英语专业语法与写作教学观念的转变

高校英语专业语法与写作教学应加大实操训练的力度,在教学观念上切实从知识传授转移到能力培养上来。大学英语语法与写作教学中的知识传授和能力培养是相辅相成的,英语知识不仅包括英语语音、词汇和语法知识,还应包括文化知识及学生的认知等,它是一个综合统一的系统。"金课"标准中的"高阶性",是指知识、能力、素质的有机融合,是要培养学生解决复杂问题的综合能力和高级思维。因而,在教学思想和观念的转变过程中,教师一定要着重处理好知识、能力与素质三者之间的关系,"学习知识是基础,培养能力是关键,提高学生综合素质是目的"。这就要求学生除了在课上学习英语语法与写作知识之外,还要利用课下时间借助学校及网络平台巩固和夯实英语语法与写作基础,加大语言知识的输入,尤其是听说的输入,从而为口语输出奠定良好的基础,更好地适应高校英语教学改革的需要,更好地为社会和地区服务。

(三)教学环境的转变

目前,高校英语普遍采取的是大班额教学,每班学生人数60~70人,随着高校英语教学改革的不断深入,高校英语教学学时不断被压缩,但学时的压缩并没有减轻高校教师的工作量,相反,高校教师面临更大的挑战:一方面,学时的压缩并不等于教学内容的减少,而是要在相对有限的教学时间内完成大纲所要求的全部教学内容;另一方面,学时的压缩意味着教师要承担更多班级的授课任务,原来只需教3个班,每班每周4学时,现在可能需要教5~6个班,每班每周2学时,学生人数明显增多了,这样一来高校教师想很好地了解每一名学生的学习情况就会显得力不从心,因而,迫切要求改变教学环境。高校英语语法与写作教学决不能仅仅依赖课堂教学，而是要积极开展在线课程，这就需要学校能够提供这样的平台，积极鼓励教师参与录制在线课程，并给予政策上的倾斜和经费上的保障，努力打造线上线下混合式“金课”，从而使教师能够乐于教，学生能够乐于学，并努力营造和谐、新生态的大学英语课堂。

淘汰“水课”、打造“金课”，合理提升学业挑战度、增加课程难度、拓展课程深度，切实提高课程教学质量。打造“金课”，构建新生态大学英语课堂需要调动各方积极性，宏观层面包括政策保障、组织保障、机制保障、评价保障和经费保障等；微观层面，需要积极发挥“金课”的示范效应，不断打磨和总结，不断创新教学模式，不断更新教学观念，不断改善教学环境；同时，学生应转变学习态度和学习方式，使线上学习和线下学习有机结合起来。

三、高校英语专业语法与写作教学新模式构建

为了打造“金课”，高校英语专业语法与写作教学必须有针对性地进行模式创新，采用情境教学法、任务型教学法以及同伴相互合作的方法等增加教学中的互动性。

（一）高校英语专业语法教学新模式

1. 高校英语语法教学面临的困境

（1）英语语法教学模式陈旧低效

由于教师、学生对高校英语语法教学的不重视，英语语法教学陈旧的理念和教学模式依然得不到改善，教师宁愿将更多的时间花费在词汇、阅读、写作中，也不愿对英语语法教学模式更新进行了解，久而久之，英语语法教学便成为一个令教师避之不及的敏感话题。这一原因导致了“满堂灌”“填鸭式”教学模式依然占据着英语语法教学的重要位置，枯燥乏味的课堂教学使学生叫苦连连，而教师对于英语语法教学也是在“尽快完成任务”的教学理念中敷衍了事，这显然不利于英语语法教学水平的提升。因此，英语语法教学模式陈旧低效成为目前高校英语教学面临的教学改革困境，而要想提升英语语法教学质量，必须走出这一教学困境。

（2）英语语法教学模式改革存在一些问题

鉴于以往英语语法教学模式的陈旧低效，英语语法模式改革势在必

行。当下,高校英语语法教学模式改革已经翻开了新的一页,但是在改革过程中,依然存在一些问题:第一,教师重理论轻实践,重形式轻内容。英语语法教学模式改革是高校英语改革的一部分,很多教师在新理念的指导下确实着手于教学模式改革,但存在着“雷声大,雨点小”的现象,他们甘愿做“语言的巨人,行动的矮子”。第二,实践与理论脱轨。一些教师虽然受新思想熏陶,但由于应试教育理念根深蒂固,其依然进行了“新瓶装旧酒”的教学行为,这依然不利于教学模式的改革。以上是高校英语语法教学模式改革中遇到的两个基本问题,而要想解决以上问题,必须探索出新的高校英语语法教学的模式激励教师投入语法教学。

2. 高校英语语法教学新模式

(1)巧用“情境式”教学模式,激发学生语法兴趣

情境式模式是大学英语改革背景下一种科学有效的语法教学模式,该教学模式以情境创设为依托,有利于学生在具体的交际情境中感知语法、理解语法、体验语法的独特。诚然,语法本身是枯燥无味的,烦琐的语法知识与多元的语法类型总让学生深感索然无味,但如果创设一定的语法学习情境,学生的语法学习兴趣便会被有效激发。例如,“虚拟语气”是大学英语语法的重要内容,但其极尽枯燥,教师在讲解中不妨创设一定的交际情境:“You would be much better now if you had taken my advice. 假若你当时听我的话,你现在就会好多了。”

这是从两个人的对话中截取出的一句话,前一个人向后一个人抱怨了一些事实,结果后者便说了以上的话。以上英语句子属于“错综时间虚拟条件句”,即如从句指过去,而主句即指的是现在或将来。句子中主句指的是现在。教师如果单纯地讲解这些知识,教学成效不大,但如果能放在具体语境中,学生学习效率便得以提升。

(2)以“任务型”教学模式激励学生探索求知

任务型教学模式是一种具有驱动效应的高效语法教学模式,它以具体任务为教学依托和指导,激励学生在任务的推动下通过质疑、探索、总结等过程实现语法知识的掌握和灵活运用。目前,任务型教学模式在高校英语语法教学中的应用已经相当普遍,它要求教师基于英语语法教学目标以及学生的英语语法学习能力,布置形式新颖的语法学习任务。学生在教师任务的完成过程中,能最大限度地体验到语法学习的愉悦和快

感。任务型学习法一般有以下三个步骤:教师布置任务、学生探究任务、教师评析总结。例如,在“非谓语动词”的语法教学中,教师可以为学生布置一个任务“编造一个对话,至少用上两个所学的非谓语动词”。英语语法教学的是枯燥的,教师可以鼓励学生以小组合作的方式展开,鼓励学生探索求知。当然,在学生完成了对话编写任务之后,教师可请相关组员依据所编写对话进行表演。最后,教师可对学生小组所编写对话中“非谓语动词”的运用进行系统的评析和总结,帮助学生改正用法错误,提升学习效率。

(3)关注“归纳、演绎、类比”并用式教学模式

“归纳、演绎、类比”并用式语法教学模式同样很常见,其对于语法教学水平的提升依然具有重要意义。归纳法与演绎法,即教师首先通过展示语法现象的使用规则、注意事项等基本的理论知识,继而让学生凭借对这些理论知识的理解尝试性地去做语法习题、攻破语法难题。这一教学方法是最基本的,如演绎法,是教师将一定的语法知识在具体语境中的使用演绎和呈现出来,让学生进行观察学习。归纳与演绎一般同时出现,但类比有可能同时出现,也有可能单独出现。例如,在“状语从句”的语法教学中,教师在经历了归纳、演绎教学模式后,还可以采用类比的教学模式。句子“I will call you as soon as I arrive in Beijing. 我到北京就将给你打电话。”是 as soon as 引导的时间状语从句;句子“I know how to light a camp fire because I had done it before.(原因状语从句)”是 because 引导的原因状语从句。教师在讲解状语从句类型时,可以通过类比的方式让学生对不同的状语从句进行对比学习,以提升学习效率。

(4)用“四步走”教学模式提高语法实践教学质量

“四步走”语法教学模式是英语语法教学中最常见的一种教学模式,但在具体的教学中,一些教师总是不能完全按照“四步走”教学规则来进行,这大大降低了语法教学质量。所谓“四步走”,主要包括以下四个英语语法教学步骤:第一,展示。即教师要通过情境、对话课文、材料等形式展示所要研究的语法项目,继而组织学生去观察语法项目的时态句型结构等。值得注意的是,语法项目展示的方式要尽可能吸引学生兴趣,激发其学习热情。第二,解释。即教师通过分析句子结构、内涵、语法成分等对语法进行详细讲解,并辅助以教学实例强化学生理解与运用。第

三,练习。英语语法练习是“四步走”中的重要一步,在该步骤中,教师要有目的地组织学生进行语法练习,指导学生克服各种练习难题,直至真正灵活掌握语法。第四,评估。即教师要对学生语法学习状况进行专门的评析,指出学生的缺陷与不足,帮助学生内化语法。

(5)以“网络辅助”模式创设生动趣味语法课堂

网络辅助教学模式在21世纪已经不再陌生,很多教师在教学中已经使用了该教学模式,并取得一定的教学效果。在高校英语语法教学中,教师要灵活使用网络辅助教学模式为学生创造趣味生动、生机盎然的语法学习情境。具体来说,教师可采用多媒体幻灯片、多媒体视频、在线网络等各种资源进行语法教学。例如,在“情态动词完成时”语法讲解时,以下知识点:“must have+过去分词”用于肯定句,意思是“一定已……”;can't(couldn't)+have+过去分词,用于否定或疑问句,表示不可能;shouldn't/ought not to+have+过去分词,表示本不应该做某事却做了……让学生深感困惑,教师可以通过多媒体课件的形式,将“情态动词完成时”相关语法知识进行总结,让学生通过学习教师所展示的语法框架,清晰明了地掌握这一语法知识。除此之外,教师可以从网上搜索一些具有典型性的语法练习题供学生语法学习使用。

综上可知,高校英语语法教学模式的改革正如火如荼,其引起了更多英语教育者的关注与重视,而要想提升语法教学改革质量,明确大学英语语法的重要性是第一步。针对大学英语语法教学模式改革所面临的一些基本问题,教师应在透彻研究语法教学实践的基础上寻找可行性的解决方法,不断提升英语语法教学质量。情境式教学模式、任务型教学模式、“归纳、演绎、类比”并用型教学模式、“四步走”教学模式、网络教学辅助教学模式等均是迎合语法教学改革,尊重学生课堂主体和个性发展的有效教学模式,教师可在具体实践中酌情使用。

(二)高校英语写作教学新模式

1.高校英语写作教学现状

高校英语写作技能是语言四个基本技能中非常重要的一项。在现阶段大部分学生具备了一定的词汇量和语法知识。但是他们的作文却不尽人意,语言和内容上都存在一定的问题,同时英语写作教学也一直是高校英语教学中的薄弱环节。写作课向来是学生缺乏兴趣的一门课程。

传统写作的教学模式也存在诸多的问题如:①专业重视程度不够,偏重于阅读、听说能力的训练。而写作课开课学期少、课时少、科研资金投入少等。课程的任务性比较重,而写作模式又相对固定,写作能力的提高比较缓慢,因此课程思路显枯燥和单调。②学生重视程度不够。很多学生还抱有英语学习只是学习词汇语法,认为写作只要有足够的语法知识、词汇量就自然能学好的错误观念等等。而到他们真正提笔写作的时候,他们或是没有思路,或是写作内容枯燥,或是用词不当,更有一部分同学写得完全就是中式英语,让老师也无从下手修改。③写作课堂内容不够生动活泼。不能引起学生的兴趣和共鸣等。因此,历年来学生的写作能力不理想,除了其主观因素外,客观因素也不容忽视。那么,教师怎样利用课堂上有限的时间调动学生写作的积极性?因此鼓励他们参与小组写作并进行互相批改,之后教师有针对性地对学生的写作材料进行反馈,这些就显得尤为重要了。

2.高校英语写作新教学模式

英语写作是语言交际的一个重要手段。英语写作不仅是英语教学的一个重要环节。且是全面衡量学生语言能力的重要考核标准。它能客观地反映学生的英语水平,反映学生的思维组织能力和语言表达能力,在一定程度上也反映了英语教学中的得失。笔者经过多年的英语教学经验,总结出一套新的教学模式,即采用"小组写作—组内批改—组间批改—教师批改—教师点评"的新教学模式。

这种教学方法要求教师要将班级的学生分为若干个小组(一般4~5人比较合适),最好是班级里基础较好的和相对较弱的在一组,这样可以互相促进。同时选出每一组的组长。但通常要选择基础相对较差的学生。所以在教师每次布置写作任务的时候每个小组经过认真商讨、集思广益,组内修改之后上交一篇成品,这样质量会高一些,然后并不是教师直接批改。而是组间修改。通过这一步骤学生们可以锻炼批改作文的能力,同时也提高了自己的写作水平。之后,教师再批改上交的成品,并在下一节课进行有针对性地点评反馈。

总之,这一系列的循环不仅让学生参与到了写作、评改的过程中,激发了学生的兴趣,同时让学生相互间能够进行写作的经验和技能交流,加强了学生的实践能力。故而加速了写作能力的提升。由于是公开批改写作成果,学生对待写作的态度也势必会认真起来。避免了学生因任务而写的弊病,写出的成品也自然更真实地反映了学生的写作能力。同时对于教师有针对性的辅导提供了更真实有效的借鉴基础。只要我们在教学实践中不断改进创新,鼓励学生参与其中,就会少走弯路取得事半功倍的效果。

教师还可以利用现代教学手段组织课堂教学。在课前准确把握教学目标。设计好各个数学环节,尤其可以将学生的习作扫描送来在班级进行公开的评比和修改。在讨论过程中,同学们共同分析讨论,指出文中的好句式,共同修改那些不符合语法,不符合行文表达习惯的句子。然后比较修改前的句子,共同提高用词造句的能力。

笔者在英语写作活动中虚心听取他人的评价,主动解释自己的观点和意见,积极参与交流活动,随后根据小组成员的正确意见修改自己的作文。在学习小组中,同学之间彼此熟悉,可以最大限度地缓解拘束感,因此抱着互相学习、互相帮助、共同进步的想法来参与活动并积极发表自己的见解。学生互相学习,互相提意见,既能从同学那里获取对自己的文章的意见,也能从同学的意见、见解中学到不少知识,不断提高自己的写作的技能。

第三节 基于翻转课堂的高校英语专业语法与写作金课教学的模式创新

一、高校英语写作与语法翻转教学设计的可行性分析

当今世界,计算机网络技术对人们的影响已经深入生活学习的各个方面。在这种大背景下,教学模式的变革必然需要依托庞大的计算机网络来进行,这对教育者与学生而言,都是机遇,同时也是挑战。有学者指出:"以学生为主体,以教师为主导"的教学模式与先进的计算机网络技术相结合是未来大学英语教学的发展趋势(王守仁等,2011)。在大学英语听说读写译全方位的教学中,写作与语法这一应该必然以学生为主体的教学,在计算机网络技术蓬勃发展的大环境下,结合便捷的网络公共

资源和网络写作平台,是进行FCM实证研究的最佳课程之一。

(一)教学对象

民办院校的本科学生与普通高校学生相比,相似处很多,但也有自己的特点:相对而言,民办院校学生的自主学习能力较差,需要更加强有力的监督手段或足以吸引学生自主学习的动力。

民办院校学生的学习大多缺乏系统性,尤其在写作这类需要长期积累基础才能得到明显提高的课程上,弱势十分明显。

(二)民办院校英语专业本科学生英语写作教学现状

英语写作能力是衡量英语语言实际能力的重要指标之一,长期以来,随着英语教学质量的总体提高和教育工作者教学方法的不断创新改进,英语专业本科学生的"听""读"的成绩在近年来都有较明显的进步,但写作成绩则少有改善。这与我国英语教学逐渐由重视知识"输入"轻知识"输出"过渡到既重视知识"输入"也要重视"输出"有关。学生的接受性技能与产出性技能发展不平衡。写作这种需要更多师生互动的科目,在现有国内高校较大班级集体教学而教师上课班级又多的情况下难以实现。而且语言的很多规则用法是不能仅仅依赖课堂实现的,这需要学生对英语语言进行大量练习和使用来实现。而且在学生练习使用语言的同时需要得到及时的反馈,否则容易打击学生提升写作能力的积极性。

(三)可行性分析

根据学生实际情况,基于网络视频材料和网络写作平台的翻转课堂写作教学是目前最适合学生提高写作能力的教学手段。既能保证学生得到反复练习的机会,又能满足学生对问题及时反馈的需要,且整个过程中都需要学生的参与互动,容易提高学生的学习积极性,也容易让学生产生学习满足感和成就感,有利于进一步的学习。

有学者指出,在大数据背景下"数据来源于合作,合作能产生更多的数据"(王海啸,2014)网络上众多的英语写作教学资源为写作教学的开展提供了传统课堂远远不能及的大量资料,基于语料库的网络写作平台为学生写作问题的及时反馈提供了条件,越来越多的软件也被开发出来可以用于写作。从内容到语言到评估,当这些都可以通过网络手段获取时，高校英语写作的翻转课堂模式就势在必行了。

（四）教学设计

基于网络视频材料和网络写作平台的翻转课堂英语写作教学要求，学生课下观看教师指定视频，了解某一类型英语写作的篇章布局、语言组织及写作方式要点，课堂上积极参与师生问答和讨论，明确该类型写作的方法后，开始进行第一次写作；写作后，可以根据网络写作平台的修改意见或是自己根据讲解的写作要点在课下进行修改，完成第二次写作；开放互评，让学生在课下网络互评和交流，根据互评结果修改，完成第三次写作；将学生分成4～8人小组，分享写作内容，自行评价优秀写作文章，课堂小组展示，并由小组成员讲解分享文章的优秀之处，教师给出总结性评价。

课前准备阶段包括两方面。

首先，视频收集制作。英语教师通过互联网，收集适合学生的视频资料，包括但不限于：视频公开课、各大培训网站中开放的写作课程、相关文字资料。教师要对资料进行必要的编辑、剪辑等工作，对其中需要特别强调的要点，还可以自己教师要对资料录制视频讲解。

其次，互动平台。英语教师可以借助现有英语写作平台或自己建立相关平台。笔者采用的是现有英语写作平台，但目前的写作平台（包括新东方、批改网等）都不能够对高校英语及以上阶段学生作文进行准确正确批改，因此，不能过度依赖写作平台，对写作平台的挑选首要条件是能够实现学生互评。教学内容设计包括：写作要点剖析（网络视频+教师自制视频+文字材料）、例文分析（网络视频为主）、课堂师生问答和讨论、第一次写作、第二次写作（基于网络平台评价的修改）、学生互评和交流、第三次写作（基于互评交流的修改）、学生分小组评优秀写作及优秀写作分析展示、教师总结性评价。在整个教学过程中，学习的内容包括显性知识和隐性知识。显性知识通过网络视频、教师视频或文字材料获得，即基本写作要点，通过课堂师生问答和讨论，教师能够清晰了解学生对写作要点的掌握情况，也可以根据课堂反馈情况制作相关后续视频供学生学习。这些显性知识都是通过讲授直接获得的。隐性知识是通过学生的交流讨论、写作互评、修改写作以及小组优秀写作作品评选和展示过程进行交流，实践和碰撞获得的。

（五）教学效果

大量网络学习资料为高校英语FCM写作实践提供了相关视频支持：教师自制视频对知识点进行了指导、补充和总结；课堂的问答和讨论有助于教师了解学生实际写作技能掌握情况、深化学生对知识点的理解和掌握；学生的基本问题通过网络写作平台或学生互评得到及时反馈，保证了学习的热情；优秀写作的展示既是知识的再消化过程，又给学生提供了展示平台，提高了学习兴趣。整个教学过程是由教师引导，学生为主体，以学生自主性学习为主进行的。学生通过视频，实现显性知识的学习；通过反复修改和与同学交流学习借鉴，实现隐性知识的吸收和掌握，达到预期教学目的，切实提升写作能力。

二、基于翻转课堂的高校英语语法与写作一体化“金课”教学模式构建

（一）高校英语语法教学的隐性需求

“回望外语教学历史，我们不难发现，外语教学就是在支持语法教学和反对语法教学的两种不同声音中向前发展的。”在我国，改革开放以后，随着西方教学观念和理论的引进，在外语教学中长期占据主导地位的以教师讲解语法规则和现象的语法翻译教学法逐渐被交际法、任务法等取代。外语教学界对于传统的语法教学认可度迥然不同，大致分为语法教学强调论、语法教学淡化论和语法教学质疑论三种[①]。

第一种和第三种是两种截然相反的观点，要么夸大语法教学在外语教学中的作用，要么怀疑语法教学在外语教学中的影响，将之拒于外语教学的大门之外。就目前我国高校英语语法与写作教学的现状来看，多数高校英语教师都是语法淡化论者，语法教学在他们的教学中已被淡化甚至被边缘化。近些年，有关高校英语语法教学的科研论文屈指可数，作为高校英语教学指向标的大学英语四级考试多年前就将语法题型剔除，这些都能从某些方面证明和间接导致语法在高校英语教学中已被淡化的结果。无论是哪种观点的提倡者，都不应只从教师的角度出发考虑

①赵魏炜．基于翻转课堂的大学英语语法与写作一体化教学模式构建[J]．吉林工程技术师范学院学报，2019(5)：78-81.

应该采用哪种教学方法或是否侧重于语法教学。高校英语教师应站在大学英语学习者的角度考虑是否需要语法教学。语法教学的需求因学习者的英语水平而异,是由多方面因素共同决定的,不能主观地从教师的角度认为学习者是否需要。因此,对于高校英语语法教学的需求不能一概而论,一旦教育者从自己的角度出发,偏向或倡导某种观点,譬如淡化或质疑语法教学,那么从学生角度而言,对于语法的学习需求便成为隐性的,为此笔者在某高校进行了调研,采用电子问卷的形式对某高校的5000名本科生的英语学习情况进行调研,如表4-1和表4-2所示。

表4-1　英语学习者在英语写作中的常见困难

你觉得你的写作存在哪些困难?(可多选)	回复人数	人数占比
1.用词单一	3038	61.029%
2.语法不扎实	3422	68.759%
3.懂语法,但是不会在写作中运用	1431	28.78%
4.句式单一	2891	58.07%
5.写不好长句	2854	57.33%

表4-2　英语学习者对英语语法教学的需求调查

你希望在英语教学中学习如何运用语法吗?	回复人数	人数占比
1.希望	4520	90.82%
2.不希望	457	9.18%

综合表4-1和表4-2中的数据来看,表4-1以间接的方式探寻大学生对英语写作的需求,结果表明,在语法教学已经被淡化的今天,大学生对英语写作教学仍有需求。表4-2直接询问大学生是否愿意在英语教学中学习语法,结果表明,有语法学习需求的学生人数占比为90.82%。所以通过上面两项调查,我们认为,不能从教师的角度去考虑英语语法教学的需求,而应从教学实际出发,从教学对象的水平和需求出发,并以此决定是否需要在大学英语教学中增加语法教学的权重。当然,这种权重应根据学校的层次和学习者的水平而定,但如果高校英语语法教学一旦被忽略,它便会被隐性化。

(二)高校英语语法教学在实践中存在困难的原因

高校英语语法教学会因为以下几方面的客观原因而在实践中遇到困难。

1.学生的语法需求具有个性化差异

高校英语课程的学习者来自不同的地区,受不同的家庭教育环境和学校教育环境的影响,英语水平的差异较大,所以个体对于英语语法的学习需求自然会有差异。

我国高校英语教学历经多次改革,对于个体的英语水平差异,教学界早已有所重视,并进行了多种尝试,以期缩小这种差异。但是,这只能在一定程度上减小个体差异,而不能从根本上解决个体的差异化和个性化的学习需求。

2.语法教学缺乏明确的指向性

虽然教育部2007年公布的《大学英语课程教学要求》中明确指出"大学英语的教学目标是培养学生的英语综合应用能力",但在多年的以高考为目的的应试教育影响下,学生的英语学习还是具有功利性和应试化的特点。多数英语学习者的学习目的就是通过大学英语四、六级考试和研究生入学英语考试,而作为高校英语教学指向标的这几项考试,均没有像高考英语题型中的单选题那样与英语语法有直接关联的题型。所以,在高校英语教学中,如若教师进行足够时间的语法知识点讲解,就会跟与考试相关联题型的练习和讲解脱节,这样一来,学生会觉得这样的语法教学缺乏针对性,教师的教学目标也会显得不明确。

3.语法教学缺乏框架性

就目前多数高校的大学英语课程安排而言,语法教学占用的时间基本不能将英语语法进行系统的教学,从另一个方面而言,对语法进行系统的教学也不是高校英语的根本教学任务所在。这样一来,从课程教学进度和教学时间方面来说,教师的语法教学通常"见木不见林",缺乏框架,这样的教学效果必然不尽如人意。

综上所述,高校英语教学中客观存在的隐性语法教学需求和高校英语语法的教学途径之间存在很大的矛盾。因此,对于高校英语教师而言,探索语法教学新途径便是语法教学的一个热点。

(三)高校英语语法与写作教学的客观矛盾

纵观当下高校英语写作教学的现状,比较突出的一个矛盾就是:学生在写作中存在的实际问题与高校英语教学的内容和目标不一致,同高校英语写作研究的趋势亦大相径庭。

"作文"水平是一个十分复杂的综合体,它涉及人的思想意识、思维能力、知识积累等各个方面,而不仅仅是语言所能左右的。但作文首先是语言的表达,语言能力的高低,直接影响人的自身意愿的传递,语法规则是语言研究与实践中的一个关键性组成部分。与高校英语的教学目标、教学内容和课程设置等方面进行对比,学生写作中存在的客观问题和语法学习需求并未在教学中体现出来。反观当下的高校英语语法与写作教学研究,它们所关注的大多是写作教学策略、写作过程以及写作教学改革等,有较为明显的理论研究倾向,鲜有人提及语法功底和学生写作能力提升之间的关系。若学生的语言基本功不能得到有效提高,语法的学习需求不能得到满足,高校英语教师的写作教学将难以收到理想的效果,学生的写作能力也难以切实提高。

(四)基于微课的高校英语专业语法与写作一体化教学模式

微课是翻转课堂的主要表现手段之一。笔者在对翻转课堂概念理解的基础上,结合自身任教的学校设计出高校英语专业语法与写作一体化教学模式概念图,如图4-1所示。

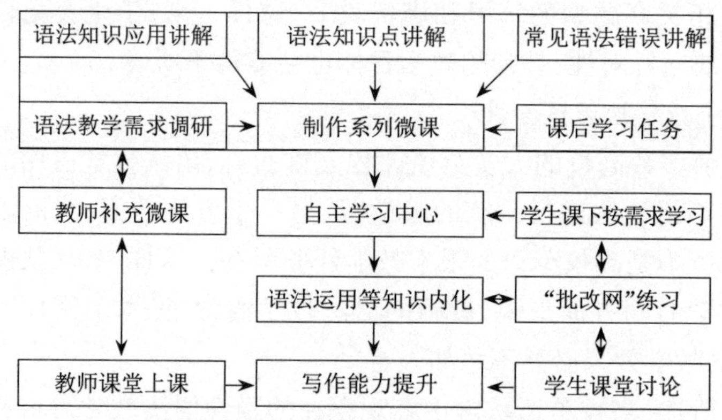

图4-1 高校英语语法与写作一体化教学模式概念图

具体教学模式的流程如图4-2所示

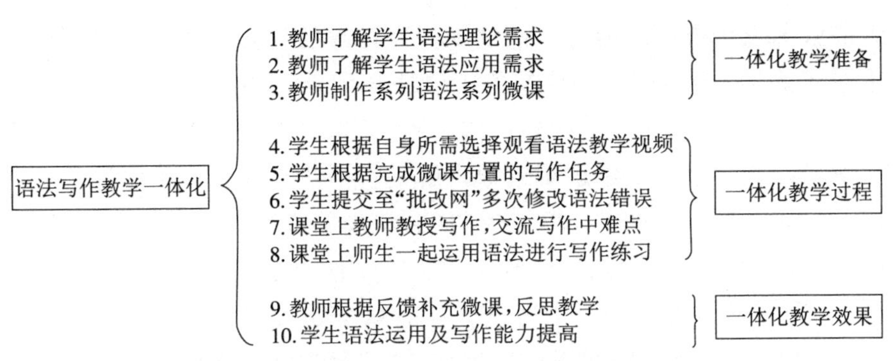

图4-2 高校英语语法与写作一体化教学模式流程

三、翻转课堂模式下高校英语语法与写作一体化教学的可行性分析

(一)对个性化和隐性化语法需求的满足

翻转课堂的教学模式从一般意义上来讲,是对传统的教学模式进行翻转,从另外一方面来讲,它突破了传统教学方式对时间和教学地点及教学方式等的束缚,为学生的学习提供了较大的自由空间。利用翻转课堂的这种优势,将它和高校英语教学相结合,能有效解决高校英语教学中语法教学的隐性需求。教师通过相关调研了解学生对语法教学各个方面的需求,按照本校学生的英语水平程度,有针对性地制作系列语法微课,并将其投放到网络上或者大学生英语自主学习中心,学生按照各自所需,有选择性地学习。这种模式的语法教学有两个方面的优点:一是它能满足学生个性化和隐性化的语法学习需求,同时也能够减轻教师课堂教学的任务,避免教学的"重复劳动"。二是语法教学更具有框架性和整体性。系列语法微课的教学内容涵盖面较广,对整体的语法进行分章节、分知识点制作,从而保证语法教学的整体性,达到"既见树木又见森林"之效。

(二)由语法认知到写作运用的转变

系列语法微课的内容应有别于中学阶段的语法教学,它不仅仅是对语法规则的介绍和讲解,更重要的是既要有"补缺补差之效",还应帮助学生完成从语法认知到语法运用的转变。根据这样的教学目标,系列语法课程应大致包含语法知识点讲解、语法知识点运用、常见语法运用错误讲解等三个方面的内容。语法知识点讲解的主要目的是满足不同学生对语法学习的需求,补缺补差。语法知识点运用是提升教学效果阶段,目的是将语法知识运用到写作之中,尤其是将语法教学和句式写作教学相结合。常见语法运用错误讲解是将语法在写作运用中的常见错误,如标点错误、主谓不一致、句子成分缺失等进行专门讲解和练习,再通过微课中预设的写作任务,让学生将写作作业提交至相关作文批改平台上,进行错误指正。学生通过这样的教学模式不仅可以夯实语法基础,同时也可以将语法知识运用到自己的写作之中,不仅克服了单纯使用批改软件只能指出语法错误,不能对错误相关的语法知识进行学习,避免下次犯错的缺点,也能发现自己的语法薄弱之处,更大地发挥批改软件的使用效果,使语法和写作学习进入良性循环状态中。

(三)写作教学效果的转变和能力的提高

高校英语专业语法与写作一体化教学模式利用微课为高校英语语法与写作教学提供了新的途径,可以有效地解决高校英语语法与写作教学中存在的实际问题,如教学时间不足、内容不具体、缺乏个性化等。另外,这种教学模式不仅能够解决高校英语语法与写作教学中教师教学目标和学生基础之间的矛盾,让教师将更多的时间投入语言基础之外的教学内容上,同时也能够改变学生因语言基础薄弱,对英语写作"惧怕"的心理和被动的学习状态。这种教学模式不仅可以让学生对写作产生学习动力,提高写作的积极性,同时也能促进教师写作教学的效果,让学生的英语写作水平全方位提高。

翻转课堂概念下的高校英语语法与写作教学一体化模式突破了传统高校英语教学的课时限制,拓展了教师的课堂教学空间,满足了高校英语语法与写作教学中语法教学的客观需求。需要指出的是,这种教学模式并不是完全颠覆高校英语教师的课堂写作教学,而是发挥了翻转课堂的优势,弥补了课堂写作教学中语法教学环节的缺失和不足,解决了写作教学的语言基础,为写作的课堂教学提供保障,目的是推动学生英语写作水平全方位提高。这种教学模式在不额外增加教学时长的前提下,不仅能解决当下我国高校英语学习者的语法学习需求,也能解决高校英语教师写作教学中的实际困难。因此,在我国高校英语教学中应用基于翻转课堂的高校英语语法与写作一体化教学模式具有可行性。

第五章 基于翻转课堂的高校英语专业语法与写作金课教学过程建设

第一节 基于翻转课堂的高校英语专业语法与写作金课的整体设计

一、基于翻转课堂的高校英语专业语法与写作金课设计的原则

教学设计是一堂课能否保质保量开展的关键。为保证教学设计的质量,笔者根据翻转课堂教学设计理论基础,结合信息化时代的要求提出以下三点原则。

(一)以学生为主原则

建构主义理论认为,教学过程应该是在教师的帮辅下,学生依据自身经验进行知识建构,从而完成知识传授。在建构主义理论指导下,教师调动学生的积极性和创造性,使其独立进行意义建构,促进其自身的学习。翻转课堂模式着重强调学生是学习的主体,教师是帮手,对教学起促进作用,体现了"一切以学生为主"的原则。

(二)课堂交流互动原则

合作学习理论指出,在教学过程中以学习小组为基本教学形式,师生之间通过小组活动完成学习任务,奖惩依据小组总体表现而定。翻转课堂的课堂活动以小组探究、小组互动等形式开展,因此课堂交流互动原则是翻转课堂教学设计的重要原则。

(三)"授人以渔"原则

人本主义理论认为促进学生个性发展是教育根本目的所在。因此,课堂上老师应该让学生根据自己实际情况制定学习任务和进度,真正成为课堂主人。翻转课堂教学形式下,教师重视意义学习,提倡学生自由

探索，鼓励学生将学习与兴趣结合。老师放手让学生自由学习，充分发挥其创新精神，最终促进学生个性发展。授人以"渔"，为学生终生学习奠定坚实基础。

二、基于翻转课堂的高校英语专业语法与写作金课设计流程

在高校英语专业语法与写作翻转课堂教学设计理论、设计原则的指导下，结合传统教学设计中存在的问题，笔者根据翻转课堂教学"先学后教、以学定教"的特点，设计了翻转课堂教学流程，即"分析—准备—实施—反思"四个环节。分析即教学分析，包括教学前期课程、教材和学情分析；准备环节包括课前微课录制、任务单设计和学生自主学习；实施环节包括课堂实施过程中的小组交流合作、质疑释难、课堂巩固等环节；反思指教师课后整理反思的过程，操作流程如图5-1所示。

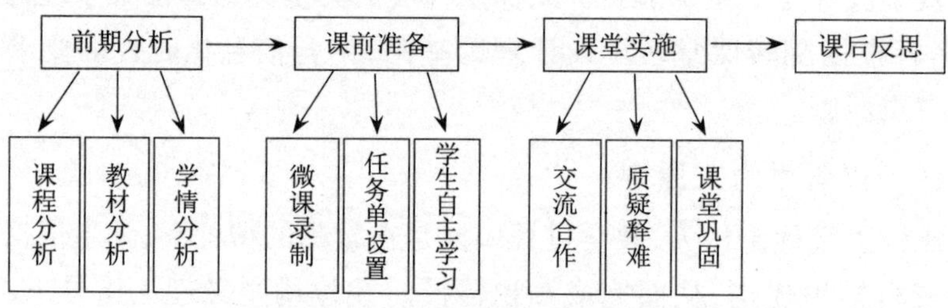

图5-1　英语语法与写作翻转课堂教学设计流程图

三、基于翻转课堂的高校英语专业语法与写作金课设计研究

（一）前期分析

为了更好地进行高校英语语法与写作翻转课堂教学设计，笔者在这里以大学英语写作教学为例，在前期分析环节详尽地对课程、教材和学生学习情况进行了研究，为翻转课堂教学设计奠定了坚实的基础。

1.课程分析

《大学英语教学指南》对大学阶段英语写作教学提出了三个层次的要求：最基本要求是学生能在半小时内写出120词左右的短文，能独立完成一般性写作任务等；较高要求是学生能在半小时内写出160词左右清晰流畅的短文，能表达一般性主题，并能够撰写自身专业小论文；更高要求

是要求能就一般性主题清晰表达观点，能撰写所学专业简短的英文报告和论文。笔者根据《大学英语教学指南》并结合学生写作实际水平对大学英语写作提出了最基本的要求。笔者在翻转课堂写作教学中，围绕着写作最低标准进行教学。这种新型教学模式可以让学生根据自己实际情况选择符合自己的学习材料，以“学”为重心，完成传统课上无法完成的写作操练，改变传统教学设计中以“教”为中心的状况；在教学过程中，改变传统教学设计中知识传递者的角色，转变为知识的引导者，引导学生在最大限度地发挥网络优势的情况下进行课前自主学习，打破传统课堂局限。

2.教材分析

《循序渐进大学英语写作》是一本帮助中国学生了解英语写作规律、提高英语写作水平的教材。书如其名，该书作者李争鸣老师将大学英语写作划分为三个层面——词汇、句子和篇章，并由浅入深，循序渐进地将写作技巧潜移默化的传递给学习者。该书的特点是：信息量大，针对性强，讲练结合，以练为主；例句及范文均是从英美原文中精挑细选出来的，代表性强，语言地道，通俗易懂；该书也可以作为初学写作者自学教材。通过教材分析，教师能够充分了解并掌握教材的特点，在教学设计过程中做到有的放矢、游刃有余①。

3.学情分析

根据皮亚杰的认知发展阶段论，大学生心理趋于成熟状况，独立和合作意识强，群体意识得到完善发展，小组合作学习能力显著提升，同时具有探究学习的能力和丰富的空间想象能力，抽象思维发展完善。为了更好地开展本次研究，笔者对所任教的两个班级学生进行了英语写作前测，并分析归纳出来了两个班学生在英语写作中存在的问题，具体如下。

(1)用词不准确

一位同学在作文中这样写道：On my way to school，I meet an old friend I have not touched for years. 显然，此句话中touch用词有误。该词的“接触”有“触摸”“抚摸”之意，而非“交流”“交往”的“接触”；要想表达后者，应选用contact或communicate with才对。以上例子说明，如果词汇量不足或用词不准确，会闹出笑话甚至引起误会。

①张春利. 大学英语写作翻转课堂教学设计研究[D]. 漳州：闽南师范大学，2017.

(2)语用错误

受母语思维干扰以及不了解英语国家的文化背景及语用习惯的影响,大部分学生作文中经常出现残缺句(sentence fragment)、连缀句(run-on sentence)、带有悬垂修饰语(dangling modifier)等。英美人对我们的语言错误往往宽待,对于文化错误,他们则表现出尴尬、反感甚至恼火。例如fat一词,有“赘肉满身”之意,表达“胖”时,不应使用fat,尽量使用委婉语如gain some weight。

(3)语体错误

具体体现为词不达意,文不切题,意思混乱,段落缺乏统一性(unity);段与段之间缺乏连接手段;学生在注意语言正确性的同时忽略了语言的得体性等。笔者归纳总结学生在高校英语写作训练中存在的问题,为高校英语写作翻转课堂教学设计提供了重要依据。

(二)课前准备

笔者在进行前期学情分析基础上,结合传统教学设计中存在的问题,进行翻转课堂的课前准备工作:制作教学视频和课件、设计学习任务单、引导学生进行课前自主学习。

1.教学微视频、PPT制作

微课视频是一种新型的学习资源和网络学习手段。在翻转课堂教学设计中,微课视频的创建尤为重要。笔者根据《大学英语教学指南》的要求和学生实际学习情况确定教学内容,明确重难知识点等。制作PPT课件,配合讲解录制时长15~35分钟的微课视频。在视频制作中要注意如下问题。

(1)教学视频内容

教师应充分做好视频制作的前期准备工作。教师在选取知识点时,应根据学生实际学习水平,遵循“以学生为中心”的原则,做到按学生需求呈现知识点,尤其学生疑难和易错知识点。本研究中,笔者根据学情分析学生写作中出现的问题,把高校英语写作知识点分为词汇、句子和段落篇章三个层面进行教学设计。笔者在写作词汇部分选取准确贴切、简洁具体和恰当搭配三原则进行教学课件制作,在该部分学习结束之后附有对应的练习和写作自测题;写作造句部分选取完整性、一致性和多样性三原则,在完整性部分包含句子成分完整和句子内容完整;

在多样性部分选取了松散句、圆周句、主动句和被动句等内容，该教学内容之后是学生在写作句子时需要避免的误区，重点强调学生在写作中应避免冗长、重复和悬垂修饰语等误区；在段落篇章部分中提到统一性、完整性和连贯性三原则。之后是段落写法部分，这一部分着重提到五点，分别是如何确定主题句；扩展句子过程中的注意事项；结论句的着力点；段落的衔接与连贯以及如何草拟提纲五部分内容，重点突出，详略得当。

（2）教学PPT制作技巧

PPT制作的前期准备：教师要准备的设备有电脑、带话筒的耳麦、教学PPT、白板及录屏软件。视频的录制中需要用到PPT，PPT的制作不是简单的知识罗列，需要重点突出某些知识，循序渐进引发思考，具体要求如下：①字体要求，课件中字体大小适中，需要明显区分字体颜色和背景色，不要太花哨，容易分散学生注意力，慢速播放PPT，留给学生充足的思考时间；②杜绝形式单一，提倡图文并茂、有声讲解、生动有吸引力，让学生在轻松愉快的环境中完成课前预习。

2.学习任务单设计

学习任务单是辅助教学设计的重要学习资料，是教师二次备课的着力点，更是课前环节与课堂环节的连接与过渡。一方面学生在课前学习时可以将疑难知识点或独特见解记录在学习任务单上，以便课堂讨论交流使用；另一方面，教师通过查阅学生的学习任务单能及时了解学生学习情况，在课堂教学中做到质疑释难有的放矢。教师在设计学习任务单时应包括学习目标、学习资料、学习形式预知、学习要点提示和学习建议等内容。

3.学生自主学习

教师将制作完毕的教学视频上传网络，学生可借助手机、iPad等登录QQ或微信等平台，并结合纸质学习材料和学习任务单进行教学视频学习，自主完成课后对应测试题，同时将疑难知识点或学习心得认真记录在学习任务单“学习困惑与建议”一栏里供交流使用。在此过程中，教师充分发挥知识引导者的作用，引导学生正确使用网络，调动学生的积极性，培养其自主学习能力。

4.高校英语写作翻转课堂学习任务单和教学设计

(1)高校英语写作翻转课堂学习任务单

为了帮助学生更好地进行课前自主学习,笔者针对选取的教学材料进行学习任务单设计,帮助学生明确学习范围和学习任务,任务单如表5-1所示。

表5-1 英语写作翻转课堂学习任务单

栏目	内容	设计意图
学习目标	了解并掌握写作遣词三原则、写作造句三原则、组段成篇原则的知识内容和运用,能够独立完成课后对应练习题和写作测试	教师从课程要求、教材和学情三个方面为学生设立学习目标,体现翻转课堂教学设计以学生为中心和一切为了每个学生的设计理念,体现教师知识引导者的角色
学习资料	《循序渐进大学英语写作》教材P15～34;QQ群、微信以及百度云盘中时长为15～30分钟的教学视频共三段、教学PPT课件及纸质学习材料	发挥教师知识引导者的作用,充分调动学生的积极性,培养学生自主学习能力;帮助学生明确课前自主学习时长和可利用的学习资源,积极引导学生正确认识和使用网络资源;提醒学生学习时间控制在30～60分钟
课堂学习形式	互查自学合作交流展示 质疑释难 课堂巩固	教师提前告知学生课堂教学环节,让学生课前做好充分心理准备;该部分体现了学生为中心的思想,调动了学生参与课堂的积极性,使课堂充满生机,提高教学效果
学习要点提示	写作遣词三原则、写作造句三原则、组段成篇原则及使用	教师提示学生微课学习的重点,同时进行自学检验以及同小组伙伴间进行自学成果交流,为学生更好参与课堂做准备;该部分能够减少教师课堂教学时间
学习困惑与建议		该栏目的是培养学生自主学习和主动提问质疑的能力;教师能够通过该栏迅速地了解不同学生在学习过程中遇到的问题,有利于做到因材施教,缩短教师课堂讲授时间,延长学生学习时间,提高课堂教学效果

(2)英语写作翻转课堂教学设计

笔者在分析了学习任务单设计意图基础上,进行高校英语写作翻转课堂教学设计。

第一,教学目标分析。教学目标清晰明确,有利于教学的顺利开展,在此基础上,笔者结合教材和学生的实际水平,制定高校英语写作的教学目标,为翻转课堂英语写作教学设计奠定坚实的基础,具体教学目标分析过程如表5-2所示。

表5-2 大英语写作翻转课堂教学目标

目标项目	目标描述
知识与技能	教师引导学生观看课前微课视频,学习高校英语写作自主学习材料;要求学生通过对应的专项练习题掌握写作遣词、句子和段落写作原则与技巧;要求学生能够独立完成对应的写作训练
过程与方法	教师引导学生通过自主学习,探究高校英语写作词汇、句子和段落的写作方法,要求学生尝试归纳总结其使用原则;学生进行课前微视频学习,对比自己归纳总结的使用原则,并理解记忆,通过相应练习加以熟悉,做到学以致用
情感态度与价值观	教师引导学生尝试体验主动学习带来的快乐;学生亲自参与写作原则探究,增强写作学习兴趣,培养自主学习、合作学习的能力。

第二,教学重难点。教学重点:高校英语写作遣词三原则、写作造句三原则、组段成篇原则。教学难点:高校英语写作遣词三原则、写作造句三原则、组段成篇原则知识的内容及运用。

第三,教学组织形式、教学工具、时间安排。教学组织形式:课前自主学习;课上小组合作,探究学习。教学工具:录频软件,PPT课件。时间安排:课堂自主交流讨论30钟;完成对应练习题20分钟;教师答疑解惑20分钟;知识巩固20分钟(课堂时间为90分钟)。

第四,教学步骤。为了更加清晰地展示高校英语写作教学设计课堂实施细节,笔者选取高校英语写作遣词三原则作为教学案例,详细展示具体翻转课堂实施过程。

教学实践过程展示:高校英语写作翻转课堂教学之遣词三原则。

第一环节:学生合作交流学习成果。教师将学生分成五组,第一小组6人,后四组每组各7人,每组同学围桌子坐成圆圈近距离交流讨论,以此增强互动。小组内部成员主要讨论课前自主学习环节中遇到的疑难问题和学习时的收获，小组讨论时间长短可以根据学生学习任务单情况进行弹性调整。此环节充分体现了翻转课堂教学设计原则中的“交流互动原则”。

第二环节：质疑释难。课堂讨论结束后，每组选出一名同学作为代表汇报讨论交流结果，重点描述疑难知识点，由教师当场讲解。还以第一小组为例：第一小组课堂学生代表发言时提出在写作遣词准确贴切原则中包含词语感情色彩和准确选用同义词，大家一致认为词语感情色彩和同义词容易掌握，因为语文课上也有涉及，可是对于语体色彩，大家认为这是个难点，较难把握。教师针对写作用词对词语语体色彩的把握，又进一步展开讲解不同文体的文章对词语的感情色彩有着不同的要求。词语按照语体划分，可分为正式的（formal）、一般的（common）、口语的（informal）三类。

第三环节：课堂知识巩固。该环节里，教师要求学生在规定时间内完成对应练习题，教师附上答案详解并在学生自我纠错后随堂答疑，帮助学生巩固所学知识点。

第四环节：课堂反思。在本节课中，学生借助学习任务单和教学视频开展课前自学，基本掌握了高校英语写作遣词三原则的内容；从学习任务单记录以及课堂讨论环节得知学生对于词汇语体色彩理解困难，教师在课堂上着重讲解该知识点，帮助学生理解掌握，这样既能充分利用课堂时间提高教学效率，又能培养学生的自主学习能力，可谓一举多得。在今后的教学实践中，教师要精心设计课堂，勤于反思，不断提高自身的教学能力。

5.学生学习评价

教师对学生进行学习评价的主要目的在于帮助学生分析、总结学习情况，并对学生进行正面激励。在评价过程中，教师应本着评价主体多元化和评价内容维度多样化的原则，尊重学生，改变传统单一评价方式，公平公正的进行评价；评价内容包括课前学习资料及对应习题完成情况；课前学习任务单完成情况；课堂参与交流及自主发言情况等。

第二节 基于翻转课堂的高校英语专业语法与写作金课的行动研究

翻转课堂理念并不是单纯的颠倒传统的教与学的课内外顺序，而是提倡学生通过自主学习、探究式学习，以及师生之间和生生之间进行互动协作，从而完成知识建构的一种新型教学模式。在我国，翻转课堂在中学教育中形成了较大的规模和取得了较大成效。而其在高校英语语法与写作教学中开展的实践和研究则比较少。

一、现状与启示

尽管高校英语教学改革已经提出多年，但其大多数的课堂教学仍然以满堂灌的“填鸭式”教学为主，教学内容过分注重基础性、通用性，未能考虑学生的实际就业需求与工作需求；缺乏针对性教学和实践性操作；没有根据学生英语的具体情况做到因材施教，分层级教学，脱离实际，片面强调考证（四、六级通过率甚至已经成为衡量教师教学质量的标杆）；只重视语言知识的传授，忽视语言的表达功能。

笔者曾经对英语专业班级的学生进行过问卷调查。调查就教学方式、学习方式、师生交流、同伴交流等诸多方面向学生提问。结果发现90%以上的同学喜欢通过网络，手机APP进行学习；95%以上的同学每天至少进行2次网络搜索，基本上离不开智能手机和网络；70%以上的同学愿意进行网络课堂的学习，愿意尝试“翻转课堂”的模式；100%的同学有微信等网络社交账号。“00后”大学生的学习方式随着信息技术的飞速发展，已经发生了革命性的变化，他们习惯于“搜索式”“点击式”“自主探究式”学习，他们期待的英语授课应是生动鲜明易于接受、形式多样乐于参与的。在此背景下，将“翻转课堂”理念应用到高校英语语法与写作教学中既能延伸英语课堂教学，增加学生接触英语的机会，又符合学生的实际兴趣需求。

二、高校英语专业语法与写作金课翻转课堂教学行动研究

(一)行动方案设计

笔者对近几年的高校英语语法与写作教学进行过反思,发现存在以下问题:教学时间严重不足、教学方法低效、学生学习动力不足、英语学习与实际生活及市场需求脱轨。为解决上述问题,在“以教师导学”“以学生为中心”为保障的原则指导下,计划实现如下三个课堂翻转:①翻转以教师为主导的语言学习模式,构建以学生认知水平发展为参照的英语学习模式;②翻转“教师课堂讲授”“学生被动学习”的单一教学模式,构建学生“课前课后网络自主学习”“课内课外成果展示”“课后集体学习”的混合式学习模式;③翻转教师独霸的评价方式,构建“教师评价与同伴互评相结合的评价机制”①。

(二)行动方案实施

借助翻转课堂理念和网络平台,实施以教师导学为基础、以学生自主行动为核心的英语教学行动方案。本次行动研究在某班级进行,具体做法如下。

1.翻转课堂理念下构建基于网络平台的英语学习模式

准备工作:学生在开学伊始便通过E-mail得到了所有和课程相关的材料,包括:授课计划(详细到每一次课要提前预习的,课间讨论讲解的,及课下作业和下一次预习的内容);课程讲义;课外延伸阅读清单;考核内容及科目的评价制度(评分分值构成);每四个学生组成学习小组,共同完成集体作业及相互评价的任务。学生在开学前便对该课程整个学期的安排了如指掌。

分级分组:笔者根据学生高考成绩以及学生的英语自我介绍把学生分为优秀、中等、不理想三个等级。在10个四人小组中进行平均分配。每个小组建立过程性评价档案。

具体实施:结合正常教学和课本内容进行拓展学习,每三周为一个教学周期。尽管一个学期的课堂学时仍然是32,但课前翻转学习和课后语

①黎景宜. 一项及与翻转课堂的大学英语教学行动研究[J]. 高等教育研究,2017(40):80-81.

音交流,集体作业等所用的时间为常规课堂教学的两倍。在这三周内学生所要领会的四个点:①语言点(语法);②文化点(跨文化知识及交流);③交流点(口语);④讨论点(口语与听力、写作)。每个小组在学期初始下发的授课计划小组展示主题中抽签选择学期报告所要展示的内容;教师主要利用WeChat、微博空间、网易云音乐等网络平台向学生贡献学习资料和自学资源。

具体实施分为以下5大模块:WeChat群语音互动交流、小组学习任务展示、大学英语教案及视频课件、跨文化深度拓展资源、课堂即时提问,如表5-3所示。

表5-3 英语语法与写作金课翻转课堂教学实施5大模块

时间段	课前预习	课中教学	课后拓展	学期任务
具体内容	通过学习视频、音频和PPT等对语言点、文化点自主学习	语言点精讲、POP QUIZ、提问、小组展示	WeChat语音群聊、小组集体作业	每小组就事先选定的主题集体进行课堂展示(书面报告上交,展示PPT或自制视频)
评价		教师记录并评价、小组互评	教师记录并评价、小组互评	教师记录并评价、小组互评

2.采取教师评价与同伴互评相结合的过程性评价机制

改变以期中考试、期末考试、平时分为主要组成部分,由教师一人评价的单一评价机制,实施“教师评价与同伴互评相结合”的评价机制。教师评价中通过采用过程性评价为主的多元评价方式,以小组为单位建立评价档案,关注学生语言学习能力的培养、语言知识和跨文化知识的积累、沟通能力的提高、团队合作能力的提升等,同伴互评中实现互相学习、互相监督和增长知识。但由于同伴互评的客观性和可靠性,其占比在此次行动研究方案中比较小。

具体比值如下:过程性评价占总评成绩的50%,其中教师评价45%,同伴评价5%;期中考试+期末考试50%。

三、研究结果及反思

笔者通过课堂观察、问卷调查、个案访谈以及学生评教等方式了解翻转课堂的实施效果,发现学生对翻转课堂教学逐渐适应。

首先,通过课堂观察发现,大多数学生由以往的“局外人式听讲”“被动学习”变成“主动提问”“有目标学习”;由以往的“单项匹马式学习”变成“集体互动讨论式学习”,由“通过考试60分万岁”到“同伴压力下的良性竞争”。大多语言点、文化点的学习都由学生在课前通过观摩网络平台上的PPT、视频等,以小组为单位讨论学习的方式完成。课堂时间主要用于语言点的巩固练习,文化点的讨论展示,教师答疑学生解惑。教师在课堂中随机加入QUIZ,或以小组为单位的提问,学生不敢懈怠、走神。此外,笔者把通过四六级考试纳入评价机制后,学生参加考试的人次逐年增加。

其次,通过问卷调查了解翻转课堂理念和网络平台辅助学习的实施效果。笔者在学期末对40名同学进行问卷调查,回收40份,有效问卷38份。随后针对问卷调查结果随机抽样了5名同学进行跟踪访谈,了解问卷调查数据背后的深层次原因。本问卷采用Likert五级量表,五级选项分别为:非常同意、同意、无所谓、不同意、非常不同意。问卷共由三部分组成:第一部分为基本信息部分;第二部分为选项式问卷,共六项内容;第三部分是开放性问题。第二部分选项内容包括:翻转课堂比传统课堂教学模式效果更好;基于翻转课堂的英语课前、课堂、课后集体学习比以往的课堂单项讲解更有效;基于翻转课堂的英语技能训练有助于提高实际交流能力;教学平台有助于提高英语的学习兴趣;基于翻转课堂的教学平台有助于培养自主学习能力;教师评价与同伴评价相结合的过程性学习评价方式比教师独霸式终结性评价方式更有效。第三部分的开放型问题是:你最喜欢哪一种网络平台学习? 为什么?(WeChat群语音互动交流、小组学习任务展示、大学英语教案及视频课件、跨文化深度拓展资源、课堂即时提问)。

问卷调查结果如下:1.90%的学生认为翻转课堂比传统课堂教学模式效果更好;2.85%的学生认为基于翻转课堂的英语课前、课堂、课后集体学习比以往的课堂单项讲解更有效;3.87%的学生认为基于翻转课堂的英语技能训练有助于提高实际交流能力;4.10%的学生认为网络教学平台有助于提高英语的学习兴趣;5.90%的学生认为基于翻转课堂的教学平台有助于培养自主学习能力;6.10%的学生认为教师评价与同伴评价相结合的过程性学习评价方式比教师独霸式终结性评价方式更有效。第三部分的开放型问题中的五大板块受欢迎程度依次是：WeChat群语音互动交流，大学英语教案及视频课件，跨文化深度拓展资源，小组学习任务展示和课堂即时提问。笔者在随后的学生访谈中发现，自主性、交流性的学习更受学生欢迎，要完成作业进行全班性的展示或接受教师提问还是会令人紧张且有难为情的感觉。经过一学年的实践，在两个学期的期末考试中，40名学生有90%的学生取得了85分以上的卷面成绩；有86%的学生通过了四级考试，70%的学生通过了六级。

通过对课堂观察、问卷调查、学生访谈和评教的综合分析，笔者发现：①网络教学平台对翻转课堂教学起到有效辅助作用，打破传统英语学习时间和空间的界限，将学习由课上延伸到课下、由线上延伸到线下，把传统单一的面对面交流转化为多元互动交流，有效融合面对面的即时交流和“沟通无界限”的网络交流；②教师评价与同伴互评相结合的过程性评价机制能更全方位的评估学生的英语语言技能、交流能力和学习能力。

第三节 基于翻转课堂的高校英语专业语法与写作金课融入思政的探索

在2016年全国高校思想政治工作会议上，习近平总书记提出了“坚持把立德树人作为中心环节，把思想政治工作贯穿教育教学全过程，实现全程育人、全方位育人”的根本要求。这促使高校教育者对思想政治（以下简称“思政”）教育模式进行了反思，亦加快了由“思政课程”走向“课程思政”的教育教学改革。“课程思政”不是特定的一门或一类具体教学科目或某一教育活动课程泛化的概念，它是学校育人的所有教学科目和教育活动都渗透和贯穿的思政教育。其特点是以课程为载体，思政教育为核心，课程的育人功能和价值取向鲜明，淡化传统的课程边际，尝试将学科资源、学术资源转化为育人资源，实现“知识传授”和“价值引领”有机统一。

然而，互联网和移动终端设备的快速普及，以及近年来翻转课堂的发展为大学生提供了一个宽松无缝的泛在学习（Ubiquitous Learning）环境。

大学生被赋予更多的机会去自由、自愿地对待自己的学习，独立运用掌握的学习策略完成知识的获取及内化。

一、高校英语专业语法与写作金课融入思政的必要性

近年来，国内部分高校一直在积极尝试最大限度地将英语专业教育和思想政治理论教育结合在一起，如上海外国语大学的《世界中国》和《中外时文选读》课程充分发挥英语课堂主渠道功能，扭转了专业课程重语言知识教学轻思政教学的情况。然而作为受众极广的英语教学在课程思政改革方面却仍然处于摸索及起步阶段，英语教育内容如何与思政教育有机融合、挖掘和充实课程的思政教育资源；教育方法如何做到隐形浸润，适应时代发展的特点；教师如何主动转变教学思路适应课程思政的需求都成为亟待我们思考和解决的问题。

语言并不仅仅是一种对于社会生活的态度的表现，而更是涵盖了一种文化对于某种社会生活及价值的表达。语言既是工具，也是目的。然而高校英语的学习者在学习的过程中容易单向地沉浸在英美文化中无法自主地做到主动、对等、有效的文化自觉进而影响对本国文化的认同。为了改变这一现状，自2013年12月开始，大学英语四、六级考试中的翻译部分做出了改革转变，为以中国文化、历史、经济和社会发展为主题的汉译英段落翻译。因此大学英语课程思政改革既符合课程本身的特点，也符合我国英语教学本身改革的新方向、新路径。

二、高校英语专业语法与写作金课融入思政的具体内容

（一）进行中西方价值观的比较

通过分析中西方价值观对写作的影响，不难看出，文化差异对写作造成很大影响。因此要提高学生的语言综合运用能力，应该教会学生有实用价值的写作类型和方法，尤其从跨文化意识上培养学生。

第一，高校英语教学应加大文化知识的引入，适当补充英文背景知识，加强学生对中英修辞对比的理解。

第二，教师应提高自身文化素质和跨文化意识，加强中英思维模式的对比研究。

第三，课堂组织以培养学生实践创新能力为出发点，进行不同文化思维模式的认知和训练，促进跨文化意识的培养。英语写作的提高并非立

竿见影，是一个长期的培养过程，只有从文化上逐渐提高学生的跨文化意识，灵活掌握英汉两种语言，才能逐步克服中国式英语写作。

（二）在英语语法与写作教学中渗透社会主义核心价值观

党的十八大报告中明确指出：社会主义核心价值体系是兴国之魂，决定着中国特色社会主义发展方向。要积极“推动中国特色社会主义理论体系进教材进课堂进头脑”“倡导富强、民主、文明、和谐，倡导自由、平等、公正、法治，倡导爱国、敬业、诚信、友善，积极培育和践行社会主义核心价值观”[①]。

社会主义核心价值观是社会主义核心价值体系的思想保证和行动指南。社会主义核心价值体系强调以人为本，是社会主义价值观的基本内核。社会主义核心价值观是构建和谐文化的根本。社会主义核心价值观，可以凝聚人心。也就是只有按社会主义核心价值观去做，才能实现社会主义的价值目标。

第一，用当代中国文化的“魂”引领高校外语教学新思潮。深入开展社会主义核心价值体系学习教育，努力用社会主义核心价值体系引领高校英语教学新思潮。

第二，用马克思主义中国化、时代化、大众化武装英语教师。大力推进马克思主义中国化、时代化、大众化，坚持不懈用中国特色社会主义理论体系武装英语教师、教育当代大学生。英语教师应带头践行社会主义核心价值观，坚定理想信念，增强教书育人的使命感，增强立德树人的荣誉感，增强为人师表的责任感。

第三，推动社会主义核心价值观进外语课堂、进英语教材、进大学生头脑。积极推动社会主义核心价值观进外语课堂、进英语教材、进大学生头脑，有效抵御各种腐朽思想文化的渗透。把社会主义核心价值体系贯穿于英语教学的全过程，帮助大学生形成崇高的理想信念，弘扬民族精神和时代精神，树立坚定的理想信念，陶冶崇高的道德情操，保持昂扬的精神状态，自觉担负起时代赋予的神圣使命。

第四，用英语讲好中国故事，推动中华文化更好地走向世界。积极推动社会主义核心价值观的对外传播，在高等学校重视培养致力于社会主

①马道山，曹曦．社会主义核心价值观融入高校英语教学初探[J]．山东青年，2015(4):1-5.

义核心价值观的对外传播的高素质英语人才。探讨在孔子学院实施社会主义核心价值观的英语教育教学方法，编纂社会主义核心价值观英汉双语教材，提高文化软实力。注重推动社会主义核心价值观“走出去”战略。

第五，探索在英语教学政策制定、大纲编写、课程设置、教材编写、教学评估等方面融入社会主义核心价值观的实施途径和策略，编纂包含社会主义核心价值观方面内容的英语教材和选读教材，课堂上增加相关内容的英汉翻译练习。

第六，积极开展“中国梦”“美丽中国”等英语演讲、英语写作、英语辩论、英语征文大赛、英汉翻译比赛等课外实践活动和学科竞赛，推动社会主义核心价值观进大学生头脑。

第七，培养具有准确传播社会主义核心价值观知识储备和能力的高素质英语人才。用英语开设中国文化阅读课程，拓展中国文化外语传播途径，建立起学习和传播中国文化的长效机制。用准确合适的外语语言阐释、翻译、讲解社会主义核心价值观，找到学生学习和国外民众理解和接受的契合点，探讨建立中国价值体系走出去的战略机制。

第八，用社会主义核心价值观推动高等学校英语教育走内涵式发展。树立科学的质量观，把提高教育质量作为高等学校英语教育的生命线，切实提高高等学校英语人才培养、科学研究、社会服务和文化传承质量的提升，把培养学生的社会责任感、创新精神和实践能力作为教育的第一目标。

第九，建立以“中国梦”和社会主义核心价值观为主要内容的高等学校英语专业教学在线学习和移动学习资源，积极探讨利用移动技术拓展英语专业学生学习社会主义核心价值观的机会。

（三）在英语语法与写作教学中融入“四个自信”

自党的十八大以来，习近平总书记先后多次提出弘扬中国优秀传统文化，并提出了“四个自信”中的“文化自信”。文化自信是一个民族、一个国家以及一个政党对自身文化价值的充分肯定和积极践行，并对其文化的生命力持有的坚定信心。作为四大文明古国之一，中国传统文化源远流长，博大精深。近年来，随着中国与世界的交流进一步加深，跨文化交际也显得日益重要。作为世界通用语言的英语，在跨文化交际的过程中承担着举足轻重的任务。作为英语学习者,应主动承担起弘扬和传播中国优秀传统文化的使命,坚持中国文化走出去战略,让世界更好地了解中国。

1.教材方面

教材的选择应符合教学大纲中提出的教学目标和教学要求。在选择高校英语教材时,应既侧重于语言知识又不忽视文化教学,兼具工具性和人文性。目前,我国所采用的高校英语教材在语言知识方面具有一定的权威,可基本满足大学生对英语语言知识的需求。然而,从文化育人角度而言,现行的教材稍显不足。教材中的中西方文化配置不合理,西方文化的配置比例远远高出中国文化,忽略了中国传统文化的输入。

因此,高校英语教材在选取阅读材料时,应合理配置中西方文化的比例,在注重西方文化语境的同时,增加以中国传统文化为背景的选文,从而实现中西方文化的对等交流。除阅读材料外,中国传统文化应渗透到课后语法与写作练习中。在练习部分,可适当增加中国成语、谚语、寓言和神话故事的中英文对照译文,增强中国文化对英语学习者的影响,提升大学生对中国文化的了解,在一定程度上缓解中国文化"失语症"现象。

2.课堂教学方面

目前,课堂教学仍然是我国高校英语语法与写作教学的主要手段。作为课堂的组织者和引导者,高校英语教师应充分认识到目前所选高校英语教材中中国文化缺失现象,避免一味地传播西方文化价值观。在语法与写作教学实践中,高校英语教师应适当增加中国传统文化的知识补充。备课和讲课过程中,做到基于课本,同时高于课本。在语言知识点和西方文化的讲解中,适量加入中国传统文化元素,采用中西方对比的方式,使得中西方文化配比平衡。

实现中西方文化的对等交流,对高校英语教师提出了较高要求。提升高校英语教师的综合文化素质是传播中国传统文化的重要途径之一。作为高校英语教师,在充分了解西方文化、丰富专业知识的同时,还应注重中国传统文化的学习和提升,积极探索中西方文化差异,对比中西方文化特点,以便更好地为教学服务。作为一名高校教师,应积极弘扬中国优秀传统文化,提升民族自豪感,树立文化自信,以自身对中国优秀传统文化的热爱去感染学生，带动学生积极了解和认识中国传统文化，不断提升学习兴趣。为提升大学生的民族自豪感和对中国传统文化的兴趣，教师应采用灵活适用的课堂教学方式，引导学生自发地了解和学习中国传统文化，增强学习兴趣。此外，高校英语考试形式和内容的改革也应提上日程。丰富英语考试形式，改革考试内容，适当增加中国优秀传统文化在考试中的比重，也将有利于改善目前中西方文化不对等的现象，实现文化自信。

三、基于翻转课堂的高校英语专业语法与写作金课融入思政的路径

泛在的学习环境给予大学生的是信息获取的多元化，任何网络使用的参与者都可以成为信息的传播者。因此在发展迅速的网络信息中多数大学生仍然需要教师在泛在学习中扮演一个帮助者、筛选者、引导人的角色，帮助他们有效提高自主学习能力，准确筛选学习资料，培养积极的学习态度。教师对于大学生利用自媒体英语自主学习的引导是必要的，也是迫切的。因此应注意以下几点。

第一，重视教师个人网络平台的思政教育作用。当今大学生与教师的交往已经不再局限于教室与学校。网络下的泛在学习环境使得师生之间可以产生不受时间空间限制的互动。而泛在学习环境所提供的便捷、有效的合作交流气氛，为教育者提供了一个新的教育路径。教师除了利用正式的网络课程平台外，也要有意识地通过自己的网络媒体平台有效地进行与学生的交往，完成思想政治的浸润式教育。同时教师本身普遍较高的素养，熟悉学生身心发展特点，较其他群体思政教育更让学习者乐于接受。教师要针对学生的身心特点与诉求设计建设个人网络平台，重视学生关心的内容并利用学生喜欢的形式引起学生的关注。越多学生关注影响力也就越大。再利用本身对于平台内容选择的主导地位隐性连接各种其他学习资源和连通讯息并形成个人学习网络和师生互动模式。

第二，注重思政与学习内容的自然融合。无论何种教育内容和形式都需要符合学习者发展的需要和身心特点。高校英语由于其自身的特点，教师可以以中西方文化对比作为融入点增强大学生的国家民族意

识。例如《新视野大学英语》第三版第三册第二单元课后翻译练习，教师可以通过比较"中国梦"和"美国梦"，利用网络课下帮助学生理解两者区别，明白国家富强、民族振兴的意义。努力引领学生成为"具有家国情怀、国际视野、责任担当"的实干型青年人才，实现中华民族伟大复兴。

第三，有意识进行思政观念的提升与相关知识的学习。作为高校英语教师对于思政教育的观念要进行转变。大思政的环境下应针对本学科进行重点知识梳理结合思政知识有效转变思路，积极参与到思政教育改革的趋势中来。思政教育不是事不关己而是息息相关，是形成全员、全过程、全方位育人格局，开创新时代高校思想政治工作新局面的必要手段。

第六章 基于翻转课堂的高校英语专业语法与写作金课评估体系建设

第一节 基于翻转课堂的高校英语专业语法与写作金课评估体系的设计

一、高校英语金课的质量标准与评估体系

(一)"金课"及其质量标准

"金课"具有双重含义,既指"课程和课堂的质量标准体系",也指体现优质质量标准的"示范课程"(陈冬纯,2019),前者是"规范""指南",后者是"载体""样板"。"金课"建设是涵盖质量标准和示范课程建设的工程,质量标准是一套体现新时代教育价值的课程价值、教学理念、教学目标、教学内涵、教学方式以及教学途径的完整体系,该体系的构架与专业、学科的分类和描述相呼应;示范课程则是优质课程资源,是体现优质师资团队、现代化教育技术、先进教育理念前沿学科知识、创新的教学方法和教学途径的样板工程。"金课"建设应该构建一个从质量标准建设到示范课程建设的联通生态环境。

"金课"体现了国家对高质量、高规格课程的教学要求和顶层设计,其核心价值在于课程和人才培养的质量,其落脚点在于课堂,内涵建设和质量建设是"金课"建设的根本任务。要使"金课"建设目标落实到不同类型的高校、课程以至课堂,必须从国家到地方以及高校自上而下建立分层、分类的质量标准体系,使质量和内涵标准贯穿三个维度的各类课程,包括以课程模式为标准的线下、线上、混合式、虚拟仿真以及社会实践等五类国家"双万计划"课程,以课程属性为标准的"通识课""专业课"以及以学科属性为标准的分类课程,更要使质量标准和内涵标准贯彻落实到课堂教学的每个环节。因此,从宏观上看,"金课"的内涵标准是贯通学科知识体系、现代教育技术、先进教育理念的质量保障体系,也

是促进课堂与课程、学校以及社会联通的质量保障体系，更是促进教学目标、教学内涵、教学模式、教学方法以及评估方法有机统一的质量保障体系①。

从微观上看，一门"金课"的质量标准要涵盖课程和课堂两个层面，课程质量标准和课堂教学评价标准的结合将推进"金课"质量落实到位，前者重在教学内涵、教学模式、教学目标的质量标准，是对课程资源质量的静态评估，也是课程建设的指南。后者重在教学过程、教学效果的评估，是对教和学的动态的、过程的评估，是课程质量的保障。通过课程质量标准的建设，可以促进教学设计在教学目标、教学内涵、教学模式的协调发展。通过课堂教学质量体系的构建，可以促使一流课程通过教师有效的教学投入、教学方法、教学评价等教学活动落实到课堂。换言之，微观上看，"金课"的质量标准体系只有通过静态的课程质量标准与动态的课堂教学质量评估标准的事前事后的作用，才能确保一流课程资源能链接到课堂，落脚到课堂，实现其"回归"的建设初衷。总而言之"金课"的质量标准体系是一个静态评估和动态评价相结合的综合评估系统。如何构建一个微观的"金课"质量标准和评价标准体系？作者认为，质量标准体系可以体现为一个从基本原则到基本要求再到指标体系的层级系统，从普适性原则具体落实到基于学科和专业的课程基本要求，根据课程要求，细化具体的课程质量标准指标体系。

首先，总体原则的依据来自教育部的系列文件对人才培养目标的描述以及"金课"建设的相关要求，遵循"两性一度"基本原则；其次，将普适性原则体现在分类的课程标准体系中。教育部于2013年发布了《普通高等学校本科专业类教学质量国家标准》(简称"国标")，以规范、监管学校教学和人才培养"金课"的分类质量标准基本要求，可以在此基础上，结合基本原则，进行修改完善，要重点推进学科知识、能力和素质的有机融合，侧重推动综合能力、高级思维、创新能力的培养。最后，要将构建的质量标准细化为课程建设标准和课堂教学评估标准，从教和学的维度，从教师、教学过程、学生三个视角对教学过程和教学效果实行有效评估，这涉及教学目标定位、教学内涵、教学模式及其与专业建设、人才培养目

①陈冬纯，武敏. 试论大学英语"金课"的质量标准与评估体系[J]. 外语电化教学，2019(10):27-32.

标以及社会需要的契合度。总之,课程质量标准体系可以体现为三个层级的综合评估系统“金课”的评价体系,即“金课堂”的评价体系,主要在于检验动态的教学过程,其目标在于促进已经按照质量标准建设的“金课”落实到课堂和人才培养上,是检验教师教学投入、教学水平以及教学效果的综合评估体系,也是评估教学内容、教学方法、教学模式是否达到课程质量标准体系的指标系统。这个体系需要从具体课程的教学目标出发,可以分别以教师、教学以及学生为主体构建多维度的评价体系和方法,以求达到客观公平的评价。

综上所述,笔者认为“金课”是实现“两性一度”基本原则的一流课程和一流课堂的综合体(如体现在以质量标准体系为核心的“金课程”和“金课堂”),唯有反映一流质量标准体系的课程,并落实在课堂上,才算得上真正意义的“金课”。“金课”内涵结构是以“金课程”和“金课堂”质量标准体系为核心、以“金课程”为支架、以“金课堂”为途径的有机综合体。“金课”质量标准体系的构架,包含静态的、多层次的质量标准体系和动态的、多维度的课堂教学评价体系。前者用于指导“金课”课程建设,为教师进行优质课程资源建设提供指引。可建立三层质量标准体系,以“两性一度”为基本原则,以国家课程标准为基本要求,落实到具体的课程要素中。后者用以保障教师将一流课程落实到课堂教学,促使课程的教学目标落实到每一堂课。因此,需要建立教学过程的动态评估,从教师、学生和教学三个维度加以考核。只有建立“金课程”和“金课堂”的联通机制,才能确保“金课”实现“回归”的建设目标。

(二)高校英语“金课”及其质量标准

高校英语的课程特色决定其独特的“金课”质量标准。从课程属性看,作为通识课程,其担负素质和博雅教育的历史使命,涉及跨学科的人文知识、世界百科知识体系以及思维能力培养;从课程内涵看,以语言为教授对象,担负语言沟通和交流的功能,其涉及英汉跨文化的日常交流、专业交流,语言交际本身就是一个庞大的体系,涵盖双语语种、跨文化和跨学科的交流。从教学对象来看,面对不同专业的学生,其对语言的需求多种多样;从课程设置看,高校英语是多课程组成的课程体系,这决定了高校英语“金课”的通识性、社会性、文化性、学科性以及交互性等特征,将“金课”“两性一度”的基本质量标准与其融合起来,高校英语“金课”质量标准应该体现为通识与学科知识体系、人文素养、思维能力、沟通和交际能力的高度融合，具体体现在“金课”对语言与内涵、语言与思维、语言与沟通密切关系的高标准要求。这是高校英语“金课”的核心内涵，贯穿于教学团队、教学模式、教学评价的全过程，关键取决于教师、教育材料、教学模式、教学方法和评估手段等每个环节的质量以及环节间的协调统一。

基于高校英语课程的基本特征，从“两性一度”的基本原则出发，笔者认为，从课程论视角，高校英语“金课”质量标准要落实到课程和课堂的教学目标教学对象、教学内容以及教学模式的“融合度”“适应度”和“饱满度”以及结果的“有效性”基本要求上。“融合度”是对课程教学目标的考核标准，在于衡量知识、能力和素养的融合程度、人文知识与学科知识的融合度以及语言与思维的关联度，其观测点体现在教学内涵上“适应度”是基于课程建设视角的质量标准，衡量课程教学目标与新时代、社会经济发展、专业人才培养、人文通识教育、外语教育以及学生综合能力发展之间的吻合度，其观测点分布在课程设置、教学内容、教学模式、教学途径等教学要素及其各要素的关系上，这些观测点的目标指向性和创新性决定高校英语的适应度。“饱满度”指相对于学生认知的、课程内涵的信息含量，其观测点可分布在“陈述性知识”的知识体系，“程序性知识”的技能信息和“能力导向”的信息体系。“有效性”则是基于课堂教学视角的、动态的质量评价标准，促使课堂教学产生有效果的因素来自多方面，对一门课程的课堂教学效果检测是一个综合的过程性评估，评价体系是一个多维度的综合体，其观测点可聚焦在教师、教学过程以及学生等三个主客体；评价教师对课堂教学有效性的指标涉及教学情感、教学组织、课堂管理以及教学内容等方面；教学过程涉及课堂教学环节、师生互动、教学内容呈现、教学方法、教学模式等方面；学生方面涉及情感、参与度、认知度以及学习认可度。

高校英语“金课”的落脚点体现在一流课程和一流课堂上，因此，其质量标准的观测点在于“金课程”和“金课堂”的教学要素中。“金课程”作为优质质量标准的示范载体，其质量标准取决于其对课程教学要求的体现度、对教育技术的融合度、教学内容的创新度和高阶度、对课堂教学的渗透度和活跃度以及对学生受众影响的广泛性；其体现度受制于全国高校国际化和社会经济、人才培养以及专业学习的需要，取决于作为高校英语通识课教学指南的《大学英语课程基本要求》，取决于其反映最新英语教学理论和先进教育技术的程度；对教育技术的融合度，是检验课程教学内容的呈现方式，即教学模式的标准，关键需要考核教学内容与技术应用的契合性。对英语语法与写作课堂教学的渗透度，用于检验课程资源是否以创新理念、先进模式和前沿知识体系引领课堂教学，落实到课堂教学中；活跃度是检验课程资源更新发展的标准，在信息日新月异的新时代，“死”的课程资源很快落后于知识前沿，尤其是大学英语教学，语料如果一成不变，其主题、话题、语言势必难以达到“两性一度”的标准。最后，影响力问题，“金课”资源在一定程度上是开放性的课程，其对学科、专业和人才培养的影响体现在其推广应用程度上，高校和学生的学习量越多，其受众越广泛，课程的影响力就越广泛。

“金课堂”是落实“金课”质量标准体系和“金课程”的重要场所，主要通过教师，依托现代先进教育技术，将优质课程资源，以教学模式、教学方法和教学评估等创新途径传递知识，激发热情，启迪思维，促进表达和沟通，以实现课程教学目标。“金课堂”的质量标准体现在教师、学生与教学三个维度，从教师维度看，教师的情感投入、专业素养、教学水平以及课堂管理能力都成为“金课”的主要观测点。而对于外语教师而言，情感投入即教师在课堂的形象(包括自信、关注、人际以及激情)；专业素养则体现为话语的准确度、流利度、信息量以及对情境的掌控力；教学水平则体现为多媒体教学设计和教学方法的创新性、教学内容难度和广度的把控力、课堂人际互动的管理能力等；课堂管理能力体现为课堂话语的准确性和有效性、教学环节的流畅度以及课堂秩序的有效管理。从学生维度看，学生对课堂的关注度、参与度、认可度以及获得感可成为主要的观测点。从教学维度看，基于高校英语自身的特色，高校英语课堂的社会性、协作性、信息密度和跨度都应成为“金课”的考核点，具体观测点可落实为高校英语“金课堂”教学目标指向性、教学要素的协调性、师生的互动性以及主题信息的密度和深度。课堂教学目标的指向性是指课堂教学目标要指向课程教学；教学要素的协调性指教学内涵、模式、方法、评估体系要围绕从知识到技能再到能力的教学目标；师生互动性是基于语言教学的特质，教学内涵以情境化的形式促使课堂交流互动；主题信息的密度和深度是考核课堂教学内涵的高阶性，主要观测主题、话题以及题材与人文通识专业知识体系的关联度。

综上所述，基于“金课”的“两性一度”的基本原则，结合高校英语课程的特质，在课程论视角下，作者进一步提出高校英语“金课”“融合度”“适应度”“饱满度”和“有效性”的基本要求，从“金课程”的质量标准以及“金课堂”的评估标准探讨了落实“金课”质量标准的观测点。

（三）高校英语“金课”的质量评估指标设计

高校英语是面向不同专业学生的公共英语课程体系，其跨学科、跨文化以及多元化的课程教学要求决定其质量标准体系具有开放性、动态性的特征，为了保障“金课”的基本原则和基本要求能贯彻落实到课堂教学的每个环节，实现高校英语“金课”的建设目标，有必要进一步深入探讨质量评估的基本原则、标准尺度及其评价主体，以确保质量评估的合理性、科学性和有效性。

高校英语“金课”的质量评估首先要坚持整体性原则，以保证课程与人才培养、课程与专业、课程与课堂在目标、内容、方法、模式等方面的有机结合。其次，坚持静态与动态的评估原则使课程内容在主题、话题、题材和体裁等方面得到实时更新，使“金课程”得到持续的更新、推广和应用，使“金课堂”教学能对接“金课程”教学，实现课堂的有效性。再次，坚持终结性和过程性评价结合的原则，构建合理的教学效果评价体系，从学生的学习效果以及教师的教学投入、课堂管理和教学水平进行综合评估。最后，坚持多元化质量评估原则。从管理层面、学生层面、教师层面，以自评、互评交叉的形式，设立多维度的评估机制，使评估更为客观、科学和全面。最后，坚持分类评价原则，以确保各类课程能显示其优势和特色。

大学英语开放性和动态性的评价标准，使质量评估的指标具有很多不确定性因素，具体体现在主题、题材、体裁与语言材料的难度，主题内容的专业性与通识性的融合度、教学模式的创新度以及课程的挑战度等尺度上，反映对学术英语和基础英语等课程设置的抉择，对时文与经典文章的取舍等教学内容的选择以及教学侧重点的把握上。笔者认为“金课”质量的评估不能一概而论，只要明确课程的目标定位和教学对象，在质量标准体系的逻辑体系中，坚持以上的“金课”评估原则，保障学生的关注度、参与度、认可度和获得感，就能实现"金课"的评估目标。具体指标如表6-1、6-2所示。

表6-1　英语"金课程质量标准"指标体系（静态评估）

一级指标	二级指标	主要观测点
课程目标	目标设计	与社会、专业、就业需求的契合度
	目标达成	人文关怀、科学素养、创新思维、沟通表达和广博视野的达成度
课程内容	人文性	有利于学生了解人类最基本的知识领域和思维方法，着力培养学生完备的理性、健康的人格、高尚的道德和良好的审美情趣
	文化性	融合语言与不同国别和文化背景知识，培养跨文化交际意识
	科学性	对语言与不同学科领域的内容相互融合贯通，促进整合认知知识
	社会性	体现语言系统与语言功能、语用策略、社会角色的关系，培养沟通能力
	饱满度	主题丰富，信息含量高，题材和体裁多样
教学方法	问题探究	问题：主导有挑战性，提问适度，有利于激发兴趣
	情景化、任务型	小组合作
	教育技术	多模态选择与内容契合度高，线上线下结合密切，效果好
学习评价	过程评价	线上线下学习过程管理，引导督促结合，促进自主学习
	学习反馈	考核形式多样，信度和效度高，反馈学生情况
教学效果	有效性	学生关注度、参与度、认可度、获得感；教师反思效果好；同行评价好
	教学成果	教师教案、PPT示范性强，学生学习成果丰富，同行评价

表6-2　英语"金课程质量标准"指标体系（动态评估）

一级指标	二级指标	主要观测点
课程目标	目标设计	与课程目标契合度高，知识、能力与素质融合度高
	目标达成	知识能力素养达成性高，激发学生思维，师生获得感高
课程内容	适应度	与教学目标相吻合，语言难度略高于学生水平
	饱满度	语篇题材体裁丰富，涵盖人文性、学科融合性、社会性、交互性内涵，有利于博雅教育
	融合度	兼顾人文科学、经济领域，经典时文融合，选题覆盖面广
教学方法	问题探究	问题：主导有挑战性，提问适度，有利于激发兴趣
	情景化、任务型	小组合作

续表

一级指标	二级指标	主要观测点
	教育技术	多模态选择与内容契合度高，线上线下结合密切，效果好
课堂管理	教师话语	发音准确，指令清晰，话语有亲和力，指导性
	教学环节	安排紧凑，每个环节目标明确，促进目标达成
	课堂气氛	考核形式多样，信度和效度高，反馈学生情况
教学效果	有效性	互动性强，学生关注度、参与度、认可度、获得感；教师反思效果好；同行评价好
	教学成果	教师教案、PPT示范性强，学生学习成果丰富，同行评价

为了使质量标准落实到课程教学和课堂教学的全过程，这里在英语通识课的视野中，融合以上高校英语"金课"的基本要求和评估原则，尝试构建高校英语"金课程"的质量标准指标体系，力图对"金课"观测点进行系统描述(详见表6-1)。表6-1中的高校英语评估质量标准体系基本对应前文提出的高校英语"金课""融合度""适应度""饱满度"和"有效性"的基本要求，适用于对课程建设以及课程教学设计的指引，同时适用于各类高校英语"金课"质量的评估。"金课堂"需要落实到课堂，体现为教学有效性，因此，笔者在以上的基本原则和基本要求基础上，设计了动态的"金课堂"评价指标体系(详见表6-2)。相比"金课程"指标体系，"金课堂"教学评价重点考核教师、学生以及包括内容、管理和效果的教学过程，可根据具体课程的要求，在考核项设置分值。该体系用于动态评估，是指在一门课程教学中，对每堂课加以评价，用数据计算其得分。

"金课"是新时代背景下有中国特色的新生事物，"金课"建设是一项跨学科的、庞大的系统工程，其"两性一度"的质量标准体现了新时期我国教育的核心价值、人才培养需求以及一流课程教学的新目标、新理念和新定位。"金课"研究是一种以问题为导向的、与课程论、教育学和心理学等跨学科理论紧密相关的综合研究，需要学术界从理论的视野对课程教学大纲、教学内容、教学模式、教学评价等环节进行科学设计和构架。这里构建的静态的"金课程"质量标准可与"国标"对接，用于指导高校英语"金课程"建设；动态的"金课堂"教学质量评价，可用于教师和学生课后对教和学的实时反思和评价，只有持续的动态评估，才能反映课程和课堂的实际教学效果。

二、基于翻转课堂的高校英语专业语法与写作金课评估指标体系构建

（一）高校专业英语语法与写作金课翻转课堂教学模式评价体系的初步构建

在大量文献基础上，通过对文献的梳理和总结，笔者概括出翻转课堂教学模式实施过程中的几个关键因素并试图通过这些关键因素对高校的翻转课堂进行评价。

1. 教师维度

一些评价机构（如美国CWU课堂教学评价理念、美国亚利桑那大学Teacher Course Evaluation、美国华盛顿大学Instructional Assessment System等）和一些进行翻转课堂研究的学者（如学者张金磊、张宝辉、朱宏洁、朱赞等的多角度评价观、学者李馨与CDIO教学模式相结合的翻转课堂教学质量评价观等）强调教学评价要多角度进行，注重学习的复杂性和多因素性，主张尽可能从多种角度用多种方式来评价。这种评价观把除学习者之外的评价列入评价标准，也强调教师的责任转变和教师角色定位的重塑。不同的评价理念的相关描述也不同（如表6-3所示）。教师维度及其相关工作在以下教学评价中也有涉及。

表6-3　教师维度评价理念（方式）分析表

评价机构或理念	相关指标描述	具体评价（或理念）描述
美国CWU课堂教学评价理念	知识储备，教学技能，对课程的把握情况，教学态度	是否旷课或迟到，是否鼓励学生表达自己的想法，是否明确的解释课堂目标，是否正确的运用相关例子和插图，是否提供有用的反馈等
Teacher Course Evaluation	教学水平，教学态度和责任	讲课是否清晰，是否能保证学生的注意力，运用教学例子和描述是否正确，教学材料是否符合学生的认知水平，反馈是否及时等
Instructional Assessment System	教师教学能力和态度	运用例子和相关描述的程度，学生对教师知识的信心程度，教师的教学热情程度，教师在学习知识中的贡献程度

续表

评价机构或理念	相关指标描述	具体评价(或理念)描述
学者张金磊、张宝辉等的评价理念		评价应该由专家、教师、同伴以及学习者共同完成,要坚持定性评价和定量评价相结合、自我评价和互评相结合、总结性评价和形成性评价相结合等原则
学者朱宏洁、朱赞等的评价理念		微课程是否与既定的教学目标和教学内容相符,师生互动交流是否良性、有效,课堂活动的组织
学者李馨的评价理念	课前学习材料,课堂教学活动	

学习是一个复杂的过程,“教师”这一角色在学生的学习过程中占有不可或缺的地位。一定程度上讲,教师在翻转课堂教学模式中扮演着“设计者”的角色。在这种教学模式下的教师,要根据教学过程中的基本规律,对教学资源和教学活动作出合理化的、系统化的安排。这里的合理化、系统化,不仅仅包括传统教学设计中的相关备课、讲课等工作内容,还主要体现在对资源的运用和对课堂的组织方面。相对中小学而言,高校的学习环境较为宽松,并不局限于教室内部,网络条件较好,可以支撑翻转课堂的相关需求。在高校的翻转课堂中,“教师”这一角色的责任更为重大,针对高校实施翻转课堂教学模式的教师来说,获取资源似乎是一件很容易的事情,但是,我们湮没在网络数据资料的海洋中,却又倍感知识的饥渴,能否开发或运用合乎教学内容的教学资源,能否设计出符合学生特点的教学活动,能否有效地组织、掌控课堂,直接影响着高校翻转课堂教学模式的顺利实施。

2.学生维度

学生是学习过程的主体。学生在学习过程中的表现和相关行为会直接影响到学习效果。翻转课堂比较注重学习者的自主学习能力、批判思维能力、协作能力和自我反思能力等的提升和培养,这些能力仅仅依靠主观判断没有科学依据,需要相对应的行为来体现。

近代的学习理论一直强调学生学习的主体地位,在翻转课堂教学模式中亦不例外。在早期有关翻转课堂的研究中,为了验证这种新兴的教学模式的效果以及对学生学习能力的影响，部分学者将翻转课堂的过程分为某些阶段，通过评价学习者在不同阶段的相关表现来确定是否已经达到了预期效果（如以Brooke Morin为代表的评价方法、李成严的模糊评价指标体系、黄静的信息素养翻转课堂评价体系等），具体如表6-4所示。

表6-4 学生维度评价理念（方式）分析表

评价机构或理念	相关指标描述	具体评价（或理念）描述
以Brooke Morin为代表的评价方法	准备阶段，实施阶段，每周作业，每周测验，实验室报告与实践，期中考试，期末考试，反馈等	课前、课中、课后有不同的活动安排，分为准备阶段、实施阶段、作业、报告、反馈等不同项目的评价，并给予这些项目不同的百分比。
学者李成严的模糊评价指标体系	课前评价，课中评价，课后评价	学生观看教学视频情况，课前练习，出勤情况，设计报告，期末测试以及一些相关能力的评价
学者黄静的信息素养翻转课堂评价体系	翻转课堂前，翻转课堂中，翻转课堂后	作品完成情况，所学知识的运用，展示汇报情况等
学者王永花的翻转课堂学习评价指标体系	独立观看教学视频学习情况，平台上的互动交流情况，针对性练习题成绩，学习过程中的表现，成果展示和交流等	是否完整地观看了教学视频，是否在课前提出疑难问题，是否积极参加小组讨论，小组配合是否默契、有序，成果是否内容准确等

这种评价观比较注重学生学习的主体地位，强调在学习过程中学生某些行为达到的程度，但若用此评价观念来进行翻转课堂整体的评价，评价主体的多元性、评价全面化难以实现。从年龄上讲，现阶段高校学生大多为“00后”，在自学能力和信息素养能力方面均有优势，也有一定的个性，高校的翻转课堂应该在培养学生个性的基础上注重学生整体素质的提高，同时也要注重学生反思能力、创新能力、批判性思维等相关能力的培养。

3. 支撑环境维度及其他

除教师和学生因素外，支撑环境一定程度上也影响了翻转课堂的实施。部分学者在进行翻转课堂教学模式的评价工作时，将这一因素也概括进去。如表6-5所示。

表6-5 支撑环境维度评价理念

评价机构或理念	相关指标描述	具体评价(或理念)描述
学者王永花的翻转课堂学习评价指标体系	平台上的互动交流情况	平台记录数据为准
学者李馨的翻转课堂教学质量评价体系	学习支撑环境	
学者黄静的信息素养翻转课堂评价体系	软件工具	相关操作

除上述描述之外,在翻转课堂教学模式的实施和推广过程中起到重要作用的学者乔纳森·伯格曼和亚伦·萨姆斯采取总结性评价和形成性评价相结合的方式来评价学生的学习,在总成绩中二者各占50%;德国的各州在教育自治的基础上制定本州的教育大纲与评价方式等,融合了多种评价方式,其中外部评价用来保证评价的真实性和可信度,日本亦是如此;英国在结合奖惩性评价和发展性评价的理念下,将教师的教学水平表现与薪金挂钩,要求评价者的高素质来确保评价工作的有效实施。

4.初步构建

经过以上文献的分析,作者拟初步建立以下评价指标体系,如表6-6所示

表6-6 初步构建的高校专业英语语法与写作金课翻转课堂教学模式评价体系

名称	一级指标	二级指标	评价内容
高校专业英语语法与写作金课翻转课堂教学模式评价系	教师维度	教学设计	教学准备情况
			教学目标划分清晰度
			教学态度情况
		资源开发与应用	教学资源的质量
			教学资源与教学内容契合度
			教学资源时长
		课堂组织	课堂组织能力
			课堂气氛
			师生交互
	学生维度	学习态度	观看学习视频情况
			出勤情况
			课前自主学习表现情况
		学习过程	课堂回答提问与参与讨论情况
			对学习内容的反思情况

续表

名称	一级指标	二级指标	评价内容
			小组协作情况
			表达能力
		学习结果	课前练习成果
			小组成果
			报告及相关设计的完成
			考试情况
	支撑环境维度	平台环境	是否可以提供翻转课堂教与学的支持环境
			是否可以供学生进行协作交流

在此评价体系中，一级指标由文献综述而来，二级指标和三级指标是通过文献中涉及课前、课中、课后不同阶段每个维度须要做或须要满足的条件得来。

研究进行到这里，经过文献横纵向的梳理得出高校翻转课堂评价体系的雏形。在此，有几点须提出：①这一评价体系显得混乱且没有层次感，只列出相关评价内容并没有细化出三级指标；②虽然通过总结大量文献得出，但是难免有疏漏或者不契合高校课堂的情况出现。

（二）高校英语专业语法与写作金课翻转课堂评价指标体系的完善

通过文献研究法，笔者建立了高校英语专业语法与写作教学翻转课堂评价体系的初步框架，通过对翻转课堂中的师生访谈，笔者总结出影响翻转课堂实施的一些细节因素，对此评价体系进行了修正，但是，针对高校翻转课堂的评价体系，同时也必须经过相关学科专家的仔细斟酌，这样才能使评价体系更加完整、科学。此环节伊始，笔者考虑以问卷的形式发放，试发问卷之后发现，对于高校英语专业语法与写作教学翻转课堂评价体系的适宜性主要考虑评价标准的科学性和学科专家的意见与建议，问卷的形式缺乏交流和理解，为此，笔者将经过修正后的高校翻转课堂评价体系以访谈、交流的形式访谈学科专家，用来调查此评价体系中相关评价指标的适宜性。

对高校翻转课堂评价体系适宜性的调查对象选择应为学科专家，且应具有丰富的学科知识和经验。笔者选取了教育技术专业的几位教师，在此过程中，每位教师认真地分析该评价体系，并从自身角度提出了许多针对性的指导意见，具体如下。

第一，一级指标概括不够完整。有两位老师指出，教学四要素包括教师、学生、教学内容、教学环境等，单单从教师、学生和教学环境方面来概括翻转课堂中有影响的行为和条件不太全面，忽视了学习材料的具体评价，而翻转课堂教学模式中课前阶段的学习过程中，学习材料有很大的影响；另外有老师指出，一个评价体系的一级指标应该丰富、完善，只有3个一级指标，二级指标、三级指标就会很繁杂，这点作者感同身受。考虑到以上因素，作者将学习材料列入一级指标，其下属二级指标有课前学习材料和课堂学习材料的相关评价。

第二，指标定义混乱。部分学者表示，评价体系中部分维度不是同一标准。笔者在参考文献的基础上给出解释，此评价体系旨在把翻转课堂教学模式实施过程中的重要影响因素动态化地体现出来，而翻转课堂教学模式本身的评价理念倡导多角度、多元化地进行评价工作，实施过程中也必须考虑各主体的相关工作，不过笔者根据学者建议将部分二级指标和对应的描述进行改动，以期更有代表性。

第三，部分指标描述不当。评价体系中各指标之间既要有关联性，又要有独立性。对于这个问题，有学者表示教学设计和教学资源的相关描述有交叉，教学设计的过程中本身就包含学习材料的选择，从大的范畴上来讲，整个翻转课堂教学模式的工作是属于教学设计范畴的，故将教学设计作为教师维度的二级指标是不合理的，可以就教师在课前阶段所做的具体工作进行划分。因此，笔者结合专家、学者所提的建议，将“教学设计”这项二级指标删去，增添教学准备指标，主要涉及教学前教师的相关工作的科学性以及教师提供的目标或任务单是否清晰、明确等判断。

第四，不可控因素。有些专家表示，除了教师维度、学生维度、学习材料维度、支撑环境维度外，有一些因素也影响着高校翻转课堂教学模式的应用，如政府和学校的支持、评价机构等，他们表示如果翻转课堂教学模式中的所有问题都需要教师来解决的话，对于教师的压力过大，教师需要一定的支持，同时学者也表示，这些是不可控因素，不必在评价体系中体现出来。

根据学科专家反映结果，笔者对高校英语专业语法与写作教学翻转课堂评价体系做了一些改动，改动后如表6-7所示。

表6-7 高校英语专业语法与写作金课翻转课堂教学模式评价体系的完善

一级指标	二级指标	三级指标	描述
教师维度	教学准备	科学性、系统性	准备内容科学、准确；教学过程有系统化的考虑
		教学目标的清晰度	课程的目标或任务单清晰、明确
	教学态度	教学热情	对学生保持一定的热情，不死板，不消极
		及时性	及时进行学习材料上传，学生答疑、教学安排等活动
		反馈	及时、准确、无误地反馈教学过程中的问题并能解决
	教学过程与内容	课堂气氛	课堂气氛融洽、积极
		课程内容呈现	课前内容呈现方式得当，表述科学、准确、生动
		课堂组织能力	可组织学生进行讨论、汇报等活动，也可对意料外状况正确反应
		教学方法	结合实际情况，充分利用资源，理论结合实践
学生维度	学习态度	课前学习态度情况	课前独立完整观看教学视频
		课堂出勤	准时上课，无缺勤、早退现象
		课堂讨论与表达	积极、热情地讨论与课程内容相关话题
	过程交互	自主学习能力	能够独立自主的完成自我学习环节的内容
		平台互动	在平台上积极讨论问题，与师生进行交流
		小组协作	及时完成小组分工，与其他成员配合默契并有分享等小组行为
		表达能力	正确表达自己想法，在小组内部有效沟通，更好地进行小组活动
		批判思维能力	对自己学习状况有一定反思，并可以就实际问题提出质疑
	学习结果	课前练习结果	课前练习成绩，达到规定的课前目标
		小组汇报结果	能够准确、完整地进行汇报、展示

续表

一级指标	二级指标	三级指标	描述
		期末考试	掌握大纲所规定内容,能够进行一定的操作
	学习诚信	学习过程情况	客观概括自身所做工作,不抄袭、不剽窃其他同学成果
		考试诚信	遵守考试纪律,不作弊,文明考试
学习材料维度	课前学习材料	内容	内容与课程相关,符合课程要求,涵盖相关学习目标,难易适宜
		时长	时长控制得当,保证内容全面又能符合学生时间安排
		质量	画面、音效清晰,动画合理,切换自然
	课堂学习材料	内容	与课程相关,与课前内容、学生认知基础都有一定相关度
		呈现效果	表述效果清晰,呈现方式得当,能够引起学生的学习兴趣
		质量	符合教学内容,形式多样且符合学生认知基础和要求
支撑环境维度	多媒体环境	多媒体使用适宜性	正确利用多媒体形式展现教学材料
		教学软件完备性	满足课程内容所需相关软件
	平台环境	可用性	可学习,易操作,具有稳定性和一定的容错性
		支持服务	可提供基本的资源上传与下载、讨论、答疑并有记录功能

第二节 基于翻转课堂的高校英语专业语法与写作金课评估的实施

基于翻转课堂的英语语法与写作金课的评估要在传统评估方法的基础上增加动态评估,由于互联网技术的成熟,在英语语法与写作金课建设中引入DA技术,符合金课建设的要求,符合技术发展的要求。

一、当前高校英语专业语法与写作教学评价中存在的问题

我国现存的高校英语课程评价体系大体还停留在客观测试的阶段。

随着时代的发展,我国高校英语课程的评价体系受到了各方的质疑,具体表现在以下几个方面。

第一是高校英语写作评价系统中的评价概念过于狭窄,不能正确地认识英语写作课堂教学的评价目的。现行的高校英语教学评价中,大部分的教师将教学评价单纯地理解为教学阶段的测试,往往通过期中考试或者是期末考试来测试学生的掌握程度,用分数来简单地评价学生在某个阶段的学习行为。然而教学评价不应仅是对于英语语法与写作学习成绩上的评估,还应有整个课程的教学效果、课程的设置等方面的信息和数据的收集,并根据这些客观的资料来对学生的学习行为和教师的教学行为进行全面地评估和判断。从而更好地改进学生的英语学习策略及教师的课程设置和英语语法与写作技巧训练方式。

第二是高校英语语法与写作评价系统的评价主体过于单一,没有理解课程改革中英语语法与写作教学评价应该遵循的原则。就目前高校英语语法与写作教学中,实施评价的主要是任课的教师和相关的行政部门,而作为被评价对象的学生却只能作为客体,很少有学生能够参与英语教学活动的评价,这种评价主体的单一化在很大程度上忽视了学生在学习中的主体性和能动性。自主学习能力、自主管理能力和创新精神是时代对于当代学生的要求,这种评价方式不符合教育的最终目标,在制定评价标准的时候,要充分地参考学生的想法,调动他们学习的劲头,保障他们综合素质的提高。能让教师更加清楚地了解学生的需要,便于教师英语写作课程的安排和实施。

第三是高校英语语法与写作评价体系的评价功能缺乏激励的作用,不能明确评价内容和评价手段。教学活动的评价的最终目的是促进学生的学习积极性。就目前而言,英语写作教学活动的评价只注重检验和验证的功能,没有采取适当的措施来激发学生的英语写作的积极性,让很多学生害怕和抵触英语写作的学习,起了负面作用。

因此需要教师在讲授内容的过程中注重学生的学习主体性,让学生积极地参与到学习内容的分配以及英语写作教学的评价中来,这样才能使学生积极参与英语写作教学,才能激发学生学习英语写作的热情(何安平,2002)。

第四是高校英语语法与写作评价体系的评价方式过少。目前我国高校英语语法与写作教学中的主要评价方式大约有58%的教师依赖学生在期中和期末考试中写作方面的得分来评定学生在这门课的表现,40%的教师仅仅依靠期末考试来评定学生的英语写作行为,而只有2%的教师会在教学活动进行的过程中插入两次测试(王丽颖,2007)。从这些数据我们可以看出大部分的英语教师在学生的英语语法与写作教学活动中凭借终结性评价的方式来判断学生的学习行为。这种评价方式不仅不能激发学生对于英语语法与写作教学的热情,还会给学生带来一些负面的压力,让学生对于英语语法与写作课程更加惧怕,阻碍了学生英语语法与写作能力的提高。

二、基于翻转课堂的高校专业语法与写作评估实施方法——动态评估

随着互联网技术的发展和翻转课堂的出现,学生实现了不同地点、不同时间、交互地、有选择地学习,教师的授课、讲解、答疑解惑,学生的学习、提问等完全可以在电脑上操作完成。其优势不仅仅体现在它可以更有效地发挥现有教育资源的功能,更广泛地实现资源共享,更表现在跟传统的英语语法与写作课相比,它极大地丰富了信息量,增强了时效性,提高了学生与教师之间、学生与学生之间的互动交流。

由此可见,当前互联网带来的资源与技术优势,为实现教师针对学生群体及个体的及时反馈引导提供了最佳的资源与技术支持。因此,将动态理念引入大学英语语法与写作教学的技术环境已经成熟。

(一)动态评估的界定

为了更好地领会动态所代表的理念有别于人们当前对评价的普遍理解,有必要先谈谈人们所熟悉的传统测验方式,在这里称之为静态评估;同时也会附带谈及它与人们熟悉的形成性评估的区分。

1.静态评估

传统的考试评价主要是以心理计量学(psychometrics)为基础而发展起来的,它所提供的是关于学生在单一时间点上的测验表现或成就的相对地位信息,故被称为静态评估。在静态评估中,主试依照标准化的程序组织测验,被试立刻或者在规定的时间内对相继呈现的测验题目作答。在整个施测的过程中,主试与被试之间没有交互活动,即主试不提

供任何反馈或者任何类型的指导，只记录他或她的反应情况，测验结果以报告单的形式给出被试的最后得分（一个总分数或者一套包括各子测验得分的分数）。一些传统心理或智力测验如高尔顿传统（Galtonian Traditions）、斯坦福—比纳量表（Stanford-Binet Intelligence Scale）、韦氏智力量表（Wechsler Intelligence Scale）或水平测试（如SAT、ACT及中国的高考、研究生入学考试、公共英语等级考试（PETS）等）或学能测试（如GRE）等代表了静态评估传统。

静态评估向来以所谓逻辑严谨、设计精密、量化统计、结构性强、客观公平以及易于标准化等典型特征为世人所推崇。然而，这种评价方式也存在一些缺陷：譬如，它着重描述现有成就而未探索和提供关于学生潜在（潜能）发展信息；它只了解学生“所能为者”，而不了解学生“可能为者”；它只了解学生知道什么，而不知学生如何获得答案；它只提供学生成败的信息，而不知道学生成败的原因，更未对学生提出补救教学的措施；它偏重学习结果而忽略学习历程及认知策略的探究；它往往以评价者为中心，忽略师生互动与建构，把评价与教学相脱离；等等[①]。

静态评估是时代发展的产物，其客观、量化的测验方法曾经代表时代的进步，体现了其价值。但随着社会的变革，静态评估应用领域的不断推广，逐渐暴露出许多弊端，受到了越来越多的批评、指责。一些心理学和教育学工作者指出，传统静态评估只测得了被试过去已经发展的能力和掌握的知识，它只代表了个体能力的一部分，对于个体智力的可改变的程度没有加以测量，不能够很好地预测个体的未来。从发展的角度看，与未来更为密切相关的是个体发展的潜力，测验分数相同的个体学习的过程并不相同，他们的发展潜力也不尽相同。以传统智力测验为例，编制测验问卷时没考虑文化、语言、知识背景等因素，所得测验成绩又只是一个相对的分数，以主流文化背景的群体建立“常模”，必然会得出少数民族、移民、社会经济地位较低的阶层智力偏低的结论，造成民族歧视。从教育的角度看，数量化的最终结果除了为每一个个体贴上标签以外不能够对教学提供更多有价值的信息，其局限主要表现在对智力的实践性、现实性及社会文化因素对智力的制约作用重视不够。随着世界人口的大量流动，许多国家的教育都出现了需要整合外来移民的问题，

①张红艳．大学英语写作教学的动态评价研究[D]．上海：上海外国语大学，2012.

在实践中传统静态评估的弱点暴露得更加突出。

不满于上述种种弊端，一些心理学、教育学的工作者开始发展设计一种新的评价方式——动态评估。动态评估研究的出发点是对传统的静态评估的改变，试图替代传统静态测验评估范式。

2. 动态评估

动态评估（Dynamic Assessment，DA）又称学习潜能评价（Learning Potential Assessment），是对在评价过程中通过评价者和学习者的互动，尤其是在有经验的评价者的帮助下，探索和发现学习者潜在发展能力的一系列评价方式的统称（Lidz，2003：337）。这个概念最早由 Vygotsky 的同事 Luria 于 1961 年使用，后来由以色列研究人员、特殊教育专家 Feuerstein 加以推广，以后许多研究者相继采用。这些研究者根据自己的兴趣，针对不同的目标人群设计了各具特色的动态测验程序，形成了目前包罗万象的 DA 范式。由于 DA 研究仍然处于发展的初级阶段，各国学者的研究比较庞杂，目前并没有一个统一的界定。以下按时间顺序将现有一些主要的有关 DA 界定的论述介绍如下。

Feuerstein（1979）指出 DA 是与静态测验评价相对的一个人为建构的词汇，是一种新颖的心理测量方法和技术，是一种动态交互的教学评估应用系统。美国心理学家 Lidz（1987：4）认为，DA 是一种测试人员兼干预者对学习者兼积极参与者之间的一种交互，旨在评估学习者的可塑程度，以寻求能够激发并维持学习者认知功能积极变化的途径。DA 的目标是对行为进行测量、干预及重塑，并记录学习过程。DA 的关键是评价者与学习者的活动，以及行为的可塑性（Lidz，1987，1991）。

因此，DA 首要的特征是社会的、交互的和质性的（Lidz & Ellitt，2000）。Embretson（1987）认为 DA 指在测量情景（occasion）或测验条件（condition）发生改变的情况下，对个体行为水平改变的测量。测量情景或测验条件的改变往往是指与个体的测验认知操作水平有关的教学和辅导等。

德国心理学家 Wiedl（1995）将 DA 定义为：它是一种心理诊断的方法，包括多种不同的理论和方法，旨在更有效地评估个体的心理特征及其可塑性，通过在测验过程中有计划地唤醒和诱发，以检验个体内的变化情况。动态测验的目标：①通过有效的动态交互过程将偏见减少到最小,以获得个体最佳能力的评估(目标Ⅰ);②评估个体特征的可塑性或者产生的新的能力(目标Ⅱ)。

Grigorenko 和 Sternberg(1998)认为DA也可被称为动态测验(Dynamic Testing)、帮助式测验/评估(Assisted Testing/Assessment)、最近发展区的测量(Measuring the ZPD)、学习潜能测验(Tests of Learning Potential)、交互测验/评估(Interactive Testing/Assessment)、过程测验/评估(Process Testing/Assessment)等。他们认为DA与动态测验不是同义词,动态测验和其他评价方式如观察与判断等一样,它们都只是用于评估的过程。DA的定义范畴更广,它的目标主要在于评估(evaluate)、干预(intervene)和改变(change)。

Tzuriel 和 Kaufman(1999)则认为DA是通过改变认知能力的教学和干预等,对儿童思维、认知、学习和问题解决能力进行评估的过程。

从这些对DA的定义描述中可知,DA是一种不同于静态测验的心理测量模式,它通过教学和干预等把个体的学习过程和学习结果结合起来,考察个体的未来发展水平或学习潜能。在DA过程中,向被试提供学习的机会,传授他们知识或技能等,且假设被试可以掌握学习的内容与知识、并能应用及再应用这些学习内容。DA具有以下特征:①它是一种心理测量与评估的方法和技术;②它的测量对象是个体的未来发展水平或学习潜能;③其评价解释的重点不是个体在团体中的相对位置,而是个体自身的纵向比较,即个体学习潜能或未来发展水平的纵向比较;④它是一种交互式测量;⑤它将教学与干预等融入到测量过程,关注生态环境对测量的影响。总之,DA将评价与中介干预相结合,使评价与教学融为一个有机的整体,学习是中介干预的结果,随后这些中介干预得以内化,又会被用于其他场景。

基于上述有关DA的论述,本研究对DA的界定如下:DA是一种集评价与教学为一体的交互式评价法,也是一种过程式教学法,教学过程也是师生双方共同参与评价的过程,教师在教学过程中通过对学生实施中介干预,观察评价学生的学习潜能,而学生对教师的中介干预的反应本身也是对教师教学干预效果的评价,评价的最终目标是帮助学生走向一个不断凸现的(即动态的)未来,并在一定程度上实现教学相长。

(二)动态评估模型建构

如前文所述,目前在高校英语语法与写作教学领域通行的评价机制不能及时地对学生提供教学补救措施,它偏重于英语写作结果而忽略了写作过程及认知策略的探究。而DA模式则以学生为中心,注重师生互动建构,深入探究学生的英语写作历程,使评估能够及时提供诊断处方和发展潜能的信息,以促进英语写作教学策略的发展。成功的教学最终关注的不仅仅是学生英语水平的提高,更应该注重对学生自主学习能力的培养,为学生的英语能力发展提供长效支持;教师在教学的实践中逐步提高对学生的"扶助"技巧和能力,最终实现教学相长的目标。因此,本研究的核心是教学干预的介入内容及策略设计,在此基础上开展DA实践活动对教师和学生的影响分析。

根据笔者英语语法与写作教学中对学生所做的调查,发现学生针对写作教学的意见主要集中在如下三个方面:其一,写作时往往"无话可说",即使"有话可说",也"说"不出来,缺乏相应的表达能力,希望教师能够对写作方法和技巧进行集中的系统讲解,然后进行针对性的训练;其二,有效的写作素材不足,虽然网络、纸质文献等提供了大量参考资源,但其信息驳杂,难以筛选,不能有效利用;其三,缺乏写作动力,由于不能及时看到进步,丧失了写作的信心和兴趣。鉴于此,笔者认为,英语语法与写作教学的DA体系的设计应该包括如下三方面的介入支持:恰当的写作方法指导、足够的有效写作参考资源输入和能够维持学生写作动力的激励措施。这样,理想的"支架"搭建才有可能实现。

这些概念及研究给予了笔者很大的启发,笔者设想,教师可以以班级为单位设计教学介入活动,而网络的应用为教师针对学生群体及个体的及时反馈引导提供了最佳的资源与技术支持。另外,在谈及Vygotsky对认知发展的理解时,Githke(1993)认为个体并非只有一个整体智力或学能上的ZPD,而是在不同的特定领域中都有各自的ZPD,由此联想到大学英语语法与写作教学中,不同的学生在写作的不同维度上也应该具有不同的ZPD,换言之,很有想法(即在文章思想内容方面比较擅长)的学生,其英语语言表述能力可能会很薄弱,或者不太擅长那些用于连接上下文的英文组织结构衔接手段。那么,在教学评估的设计方面就要考虑到对学生写作的不同维度进行考察,这样一方面便于教师了解每位学生在写作的不同方面的表现状况，即学生在写作不同维度上的ZPD，另一方面也便于学生对自己的英文写作方面的问题有一个准确的定位。因此，有必要对写作的评分标准进行重新设计，不能单纯为学生提供一个简单的总分了事。

总之，教师的介入工作重心在于给学生创设理想的写作情境以激发其写作欲望，同时辅之以必要的写作资源建设和方法指导，充分体现教学与评估相融的DA理念。有鉴于此，整个评估体系设计应该以Vygotsky的SCT理论体系为依据，参考DA研究领域的其他理论模式，把DA理论引入大学英语语法与写作教学，对大学英语语法与写作教学评估模式进行整体化系统设计，将评估实施渗透到写作教学过程的各个环节，并辅之以必要的教学介入支持。

1.建构原则

(1)评估与教学相融

DA理论强调评估与教学的不可分离性，认为对学生能力的综合评估需要教学介入，教学介入同时又促进学生能力的发展。反过来，为了让教学能最佳引导学生的发展，也必须全面考察学生个体的能力。因此，评估与教学是一个以发展为导向的辩证统一体。根据DA准则，对学生英语语法与写作能力的全面描述不能单单依靠观察其在单独一次英语语法与写作行为中的表现，而是需要通过对学生的英语语法与写作过程实施特定形式的介入活动或社会交互活动来继续推进。在整个评价模式的实施中，教师需要时刻关注学生英语语法与写作过程中可能出现的困难，设计其可能需要的各种介入支持；而通过观察学生对这些教学介入活动的反应，教师又需要对学生的英语语法与写作能力做出更加敏锐的判断，在此基础，上设计下一步“支架”式介入支持活动。学生在每个环节的表现反过来又及时地检验了教师教学介入的有效性，促使教师不断改进教学介入活动的设计。这样的评价模式可以同时发挥对教学双方的共同评估，促进教学双方的不断进步。

(2)渐进式序列化交互设计

目前在教育心理学评估中有几种流行的DA模式，其不同之处在于它们处理介入的方法不同。Lantolf & Poehmer(2004)把它们分为介入式动态评估(interventionist DA)和交互式动态评估(interactionist DA)：前者严格按照事先写好的提示步骤进行，而后者则鼓励介入者和学习者之间的开放式交流。这两种方法都是对Vygotsky的ZPD和“支架”理论的应用。本文认为，理想的高校英语语法与写作教学的DA体系设计可以以前者的程序性设计理念为参照，同时借鉴后者的交互思想，将评估整合在教学实践中，使教师在英语语法与写作过程中适时地为学生提供有效的介入支持。

(3)改善互动环境

从Vygotsky的SCT理论观点来看，发展认知乃社会互动历程，学习障碍学生可能系社会互动环境不佳所致，经由教学介入与引导，可扩增其认知发展区域。所以，高校英语语法与写作教学的DA体系的设计应该通过与学生的协商来设计不同的交互方式，从中了解其在多大程度上能够控制这些新生能力，在此基础上设计下一步交互活动形式，不断改善教学双方的互动方式。

2.DA教学实验流程设计

基于笔者提出的高校英语写作教学的DA模式建构原则，本研究设计将评估整合在教学实践中，使教师在写作过程中适时地对学生提供有效的介入支持。整个模式设计主要包括如下几个方面的工作。

第一，对某高校文、理等专业本科生进行问卷调查和访谈，了解学生对当前写作教学的意见和需求，寻找学生在写作方面的困难。

第二，根据调查结果，利用在线写作教学系统，借鉴过程写作理论，围绕写作的全过程，即写前(prewriting)→初稿(drafting)→互改(peer-correction)→修订稿(revising)→教师评改(teacher-correction)→终稿(final draft)等不同阶段，进行DA模式的整体性系统化设计。

第三，教学介入手段设计。具体为：①建立在线写作教学系统。通过对传统课堂英语写作教学的各个环节的详细分析以及学生英语写作现状与需求的深入调查，借助现代信息技术，建立了自己的英语写作网络教学系统。②整体写作策略训练。立足于教学实际和本文的研究目标，参考国内外有关英语学习策略训练方面的研究(苏运连，2003；范琳、王庆华，2002；Cohen，2000；O′Malley & Chamot，1990)，主要依据是Oxford(1990：204)提出的八步训练模式，采用融入式训练的形式。③写前阶段。主要以开展写前策略指导和组织头脑风暴(brain storming)活动为主，同时提供在线写作技巧指导，回答在线教学系统中学生的疑问。④互评阶段。教师的介入主要包括，一是引导学生组织小组讨论，对学生进行互改方法训练；二是根据写作任务的特点制订简单易行的评改标准和方法；三是制定明确具体的激励措施。⑤修改阶段。该阶段教师的介入任务主要有三项，一是提供学生所需要的参考资源；二是对学生进行在线修改策略指导；三是修改整理学生终稿中的佳作，建立在线范文库供学生交流欣赏。⑥采用动态综合评估法。制订《作文评分标准及批改标示细则》，从作文篇幅、思想内容、语言表达、组织结构等四个方面对学生的作文实行分项打分，学生一篇文章的最终得分取决于三稿的进步情况以及每稿的具体得分。期间利用课堂教学和在线问卷调查及时了解学生遇到的问题类型、他们为了解决这些问题需要的介入帮助、他们对这些介入支持的反应以及他们为了获得更大的自主性而付出的努力等，并随时组织学生代表座谈，就写作过程中各个环节的教学介入举措征求反馈意见。

（三）具体评估模式介入及活动设计

1. 建立在线写作教学系统

这里以高校英语专业写作教学为例，通过对传统课堂英语写作教学的各个环节的详细分析以及学生英语写作现状与需求的深入调查，借助现代信息技术，建立了自己的英语写作网络教学系统。该系统开辟了写作技巧、写作策略、范文查询、作业公告、资源共享、佳作欣赏、写作论坛以及给我留言等栏目。其中，写作技巧栏目提供了常见的写作方法、常用的英语句型以及常见写作错误分析等。写作策略栏目的首要功能是对学生进行在线写作策略问卷调查，使学生对英语写作策略首先获得感性认识；其另一个功能是在学生完成初稿并进行分组互改时，教师可以通过本栏目给学生提示需修改的具体方面以及可用的写作策略。作业公告栏目供教师上传作业，同时提供写作任务的评改标准和方法。

资源共享和范文查询栏目是教师在网上搜集的与写作主题有关的网站和典型中英文文章，供学生修改初稿时进行参考。通过分组互改及查询上述栏目中的资源，学生自行完成第二稿。教师批改学生二稿，指出其优缺点及具体改进办法，对其中的佳作上传至佳作欣赏栏目供学生参考，引导学生完成第三稿。写作论坛主要是学生相互之间交流资源和寻求帮助的场所,给我留言栏目则是教师对学生写作过程中遇到的问题进行答疑、策略指导等的场所,如图6-1所示。

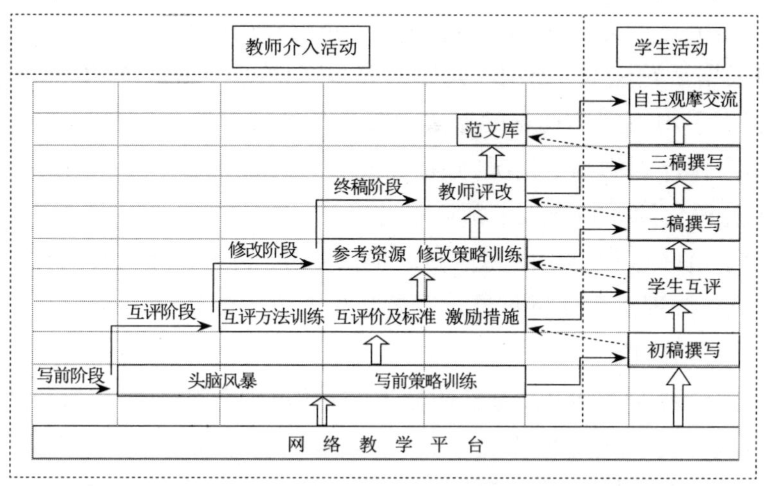

图6-1 动态评估"支架"式介入活动设计结构图

2. 整体写作策略训练

随着多年第二语言/外语学习策略研究的逐步深入,已有多项研究肯定了学习策略对语言学习的促进效果(O'Malley & Chamot, 1990; Cohen, 2000; 文秋芳, 1995等)。大量的研究指出,与语言能力相比较,写作能力对写作优劣的影响更大,因此了解写作策略是帮助外语学习者发展写作能力必不可少的前提,应该加强对学生写作过程中的写作策略训练(滕春红, 1993: 65),重点在于通过元认知策略训练培养学生自主学习的意识,监控和管理自己学习的能力,使其学习有目的、有计划、有方法(O'Malley & Chamot, 1990; 文秋芳, 1995)。

具体措施为:首先,在实验初,由实验班的任课教师在实验班以小型专题讲座的形式谈了一下英语学习策略与成绩的相关研究情况,指出研究的发现和意义,尤其强调了元认知策略在英语学习中的重要性,激发大家对英语学习策略的兴趣;然后,向学生介绍了新学期英语写作教学的安排及需要配合的事项。策略训练分为随堂策略训练和课下指导,包括网上指导。主要操作步骤为:首先在课堂上讲解常用的写作手法及运用的合适时间,然后再挂在作者自设的网页上供学生随时查看;在学生获得一些感性认识之后,在写作的具体时期,通过网上写作论坛给予学生及时的指点帮助,必要时以问题的形式引导学生对写作活动的关注点。在随堂进行的策略培训中，教师主要向学生讲明写作的不同阶段可用的具体策略的含义和所包含的内容，即策略的具体体现形式。以写前阶段策略的运用方法为例，教师向学生介绍常用的写作手法及相应的优点，如根据话题建立词汇串、列提纲等；然后在具体的材料中进行示范。教师课下采用不定期抽查的形式了解学生的策略接受情况和使用情况，尤其是写作计划的制定情况，并担任他们的策略顾问。

3.过程化的教师介入干预策略设计

为了更好地为学生的写作活动提供指导，利用上述在线写作教学系统这个平台，围绕写作过程设计了教师介入干预策略，具体如下。

(1)写前阶段

根据情境学习理论，为了让学生"有话可说"，研究中仅提供主题或场景以代替传统的命题作文形式，学生根据主题或场景自行命题写作。Emig(1971:20)认为，写前阶段作为写作过程的初始阶段，"对以后发生的任何成功的写作都至关重要"。张在新等(1995:47)认为，在写前阶段，通过培养学生运用一定写作技巧挖掘题材的能力，可以解决中国学生英语写作中内容贫乏的问题。因此，在该阶段的教学介入以开展写前策略指导和组织头脑风暴(brain storming)活动为主，引导学生写出不断涌入大脑意识中的所有东西，帮助学生提高挖掘题材的能力。为加强大班教学中的互动，促进师生及时交流，通过在线写作教学系统中的写作论坛和给我留言栏目，回答学生的疑问。学生完成初稿之后以电子邮件形式上传至教师的信箱，教师初评初稿，及时了解教学介入的效果，为后续介入提供参考依据。

(2)互评阶段

学生完成初稿之后，首先分组互评作文。根据Vygotsky(1998)的设想，学生之间的互助协作对提升整个群体的ZPD至关重要。因此，教师的职责也应该包括对学生合作能力的引导，促进学生与其他同学的互动交流，培养其在写作过程中的读者意识，及时吸取别人的优点，弥补自己的不足。由于同学互改作为一种新的作文评改手段对学生还比较陌生，同时考虑到英语专业学生还有其他课程学习任务，该阶段的介入工作主要有三项：一是引导学生组织小组讨论，对学生进行互改方法训练；二是根据写作任务的特点制订简单易行的评改标准和方法，并上传至在线写作教学系统中的作业公告栏目；三是制定明确具体的激励措施。为了使互改任务具体明晰，操作简便，本研究根据不同写作任务的特点，先后参照了 Williams（2004）的“稿件整体评估法”（Holistic Evaluation of Drafts）、Nelson 和 Murphy（1993：140）的研究结论、Villamil 和 de Guerrero（1996：74）中有关议论文、记叙文的评改原则，制定了《作文互改评审表》（修改原则范例参见附录三）。实验初期要求学生主要关注文章内容、组织结构等宏观层次问题；有关语言方面的评改主要涉及学生读后的整体感受，就自己有把握的语言现象进行划线或修改；实验后期开始逐步关注语言细节和内容的修改，主要参考了 Villamil 和 de Guerrero（1996：74）中有关议论文、记叙文的评改原则。为了激励大家认真评改，规定凡是在原稿的基础上改进效果较好的同学，该组成员全部加分；抽查学生互改情况，凡是评改认真的同学将获加分；期末评选最佳互评效果个人和小组奖。期间开展形式多样的互改活动，包括组内互改、组间互改以及随机互改等形式。

（3）修改阶段

在分组互评的基础上，要求学生重新修改自己的作文。该阶段的介入任务主要有两项：一是建立在线英语写作参考资源库，即资源共享和范文查询栏目；二是通过在线教学系统或课堂内外交流向学生提示需要修改的具体方面，开展修改策略训练活动，提供可用的写作修改策略供学生参考，帮助学生自行完成第二稿。

根据 Krashen（1985：4）提出的可理解性输入假说理论，决定二语习得的关键是接触大量可理解的、有趣而又有关联的目的语。因此，本研究认为参考资源应该是一个开放的、可以不断扩充的动态写作教学资料库，其建设应立足于学生的实际水平和需要，发挥教师和学生的集体智慧。资料来源力求广泛多样，可以从网上搜索，也可以是纸质资料。资源的形式可以是一些与写作主题有关的网站和中英文范文，也可以是一些相关的“好词、好句”。结合现有的研究成果以及教学实践，考虑到学生的实际学习时间和阅读能力，本研究选择的参考资源篇幅都不长，设置的内容预期能让学生在一定时间内读完，其内容和形式都应该为经典之作。本研究选择的材料除了教材中相应的课文等材料以外，还搜集了一些短小精悍、幽默生动的科普文章、优秀论文、经典文学作品、时事报道、评论等,也选取了相同题材的历年来大学英语四、六级考试中的优秀作文,放至在线写作教学系统中的范文查询栏目。

(4)终稿→自主阶段

教师批改学生提交的第二稿,指出各个学生二稿中的优缺点及其具体改进办法,引导学生完成第三稿(终稿)。对其中的佳作进行筛选修改,整理之后放至在线写作教学系统中的佳作欣赏栏目,供学生在课下自主交流欣赏。因为教学实践表明,学生自己的佳作展示一方面能够在同学中起到榜样的激励作用,另一方面又不至于使学生面对可望而不可及的名家名篇产生望"洋"兴叹的自卑畏惧心理。

4.制定动态综合评分标准

作为上述评估模式的辅助,同时也是为了确定学生在写作的各个维度的ZPD,本研究借鉴了曾用强(2002:26-31)和王初明等(2000:207-212)的评改办法,细化作文评改标准,从作文篇幅、思想内容、语言表达、组织结构等四个方面对学生的作文实行分项打分。为了激励学生围绕写作的全过程不断修改完善自己的作文,教师对学生的三稿进行分别评阅打分,学生一篇文章的最终得分取决于三稿的进步情况以及每稿的具体得分。同时,为了让学生明确具体的得、失分原因,便于进一步修改订正,本研究还制定了与之配套的《作文评分标准及批改标示细则》,放至在线写作教学系统中的作业公告栏。具体来讲:①文章篇幅方面:目前不少学者(如王初明等,2000)主张"以写促学",通过"写"来培养学生的思辨能力以及对英语语言的敏感性,提高语言运用的准确性。因此,写作课的主要任务是"督促学生写,保持写作的频率"(黄源深,2006:16)。基于上述观点,为了鼓励学生多写多练,规定文章的字数即文章篇幅方面的得分。②思想内容方面:为了获知学生如何具体展开文章的主题,以及如何展开每一个具体的分主题的能力,规定每个能够支持说明文章主题(theme or topic)的分主题(sub-topic)为一个支撑点;同时为了鼓励学生学会用详细的支撑材料阐述自己的观点,规定每个支持说明某分主题的细节均为一个支撑点。评分时每个支撑点均为一分,在文中依次标明,教师标注的最后一个数字就是学生在思想内容方面的最终分数。如果不能直接或有效地论述其相应的主题或分主题则不计分。③语言表达方面:设加分和减分两个类型进行单独打分。规定用词生动形象、准确恰当或句式准确新颖等每处均加一分;语法错误、用词不当、词性不符、缺词或冗余词等每处均扣一分。如文中出现重复错误,不重复扣分,在文中不再重复标示。因此,一篇文章的语言得分有正、负两个分数,分别在文后标明。这样,学生就可以一目了然地获知自己在语言表述方面的得与失。④组织结构方面:根据日常教学观察,学生对中英两种语言在组织结构方面的差异不够敏感,对英语中发挥语篇衔接作用的句式和惯用表达法掌握不足。因此,为了鼓励学生大胆尝试使用衔接词和过渡句式,本研究起初单设了加分类型,后来根据学生的写作进步状况逐步对误用现象实行扣分。

另外还规定,凡在原稿的基础上改进效果较好的项目,均可加分。上述评分标准交叉部分可以重复计分。学生最终的作文成绩将有四项,均为学生三稿习作各分项分数的总和。本研究认为,作文评分标准应该为一个相互制约、相辅相成的体系,这样如果学生对其中任何一个方面(如文章篇幅)的过分侧重影响了其在另一方面(如语言表达)的表现,那么他们在实际写作中就会考虑全局的把握,从而将注意力集中于提升写作的整体水平。

以上为一个完整的写作教学评估与介入周期设计。为了跟踪学生的写作发展过程,教师还利用课堂教学和在线问卷调查及时了解到学生在如下几个方面的变化:学生遇到的问题类型、他们为了解决这些问题需要的介入帮助、他们对这些介入支持的反应以及他们为了获得更大的自主性而付出的努力等,并在下一轮评估与介入周期实施之前组织学生代表座谈,就写作过程中各个环节的教学介入举措征求反馈意见。在学生反馈的基础上,结合学生在该周期内的写作情况,教师将在写作中出现相似问题的学生分至同一小组,在下一轮写作任务中根据各个小组的具体情况设计不同的教学介入措施。例如,针对文章内容空洞的学生,教师对之进行立体思维训练,选择从不同角度探讨同一问题的文章供他们阅读,启发他们的思维,帮助他们寻找、挖掘题材;而对于在文章内容组织方面欠缺的学生,则以优秀范文为基础,将文章的组织结构和衔接作为一个专题进行讲解示范。总之,小组的构成不是固定的,而是随着整个评估与介入的推进而进行动态的调整重组。

在上述DA模式的设计中,本研究同时也考虑了如何恰当地选取或融合目前二语教学研究中通行的两种DA模式:交互式DA和介入式DA。根据有关DA框架中交互式DA与介入式DA的区别,二者各有所长,对其选择要取决于教学评估的目标和实施环境。虽然交互式DA劳动量更大、耗时更多,更适合学生人数相对较少的课堂教学评估,但是却可以解释学生心理发展过程的更多细节;而国内高校英语语法与写作教学的实际现状是班级规模普遍较大,这时候介入式DA范式似乎更为合适。为了尽量减少在二者之间进行选择时所带来的代价,本研究在开展适合于全班范围的写作教学活动,如头脑风暴活动、同伴互改的集中训练等环节时,较多地采用了介入式DA活动;而在开展必要的个性化指导时则更多地采用了交互式DA活动。

第三节 基于翻转课堂的高校英语专业语法与写作金课评估的管理

在翻转课堂的背景下进行英语语法与写作金课的评估同样也是需要管理,在管理中首先要用到不同的反馈机制,其次在管理中要用到一些互联网技术比如大数据技术,本节主要介绍评估中的不同反馈机制应用以及如何利用大数据来辅助进行英语专业语法与写作教学的评价。

一、评估管理中不同反馈机制的应用

作为综合运用英语知识的实践活动,写是听、说、读、写四项语言技能中最难掌握的一项。对于如何提高学生的外语写作能力,广大研究者和教师从不同角度展开了实证研究和理论探讨,其中很重要的一部分就是对写作反馈的研究。

反馈原是控制论的一个基本概念,20世纪70年代过程教学法的兴起将其引入写作教学过程法。它以交际理论为基础,强调写作过程是一项师生共同参与的交际活动,强调在写作过程中通过师生之间、学生之间的交际活动给写作者提供及时有效的帮助和指导,强调将重点放在写作表达和创造的过程之中,这些特点决定了过程法对反馈的作用的深刻认识和研究。在写作教学中,反馈指的是“读者向作者的输入,它的功能是向作者提供修改作文的信息”。

伴随着翻转课堂的出现，英语写作教学形式也更加多样化，传统的教学评估反馈机制已经不适应于翻转课堂的教学，反馈是教学评估管理的重要一环，因此需要运用多种不同的反馈机制。

（一）教师反馈

教师反馈是写作教学中最重要也是最受学生重视的反馈形式。杨苗、戚焱等都证实了学生对教师反馈的重视和期待。教师反馈包括四种形式。

（1）会谈式反馈

它是指教师和学生面对面地就作文中心内容、写作意图、篇章结构和句子语法等问题进行交流，以帮助学生发现问题并纠正错误。会谈中教师应鼓励学生讲话，让其说出他们想要表达而实际可能没有表达出的东西，而不要一味地将自己的意思强加给学生，要以一个“不全知的读者的立场通过意义协商去询问了解作者（学生）的意图”。

（2）课堂讲评式反馈

通常是对学生的修改情况做出的总结性反馈。教师对佳作精华、典型问题等加以评价。可以是鼓励，也可以是对错误分析（但不建议以这种形式批评，不利于学生的积极性）。另外，由于反馈通常都有事后诸葛的缺陷，可以通过课堂讲评式反馈达到超前控制的效果，即根据以往经验，针对可能出现的问题，预测性地进行一些讲评①。

（3）评语式反馈

通常是分写在页边空白处的评语和写在文章末尾的评语。前者主要是对文章的具体细节加以评价，涉及内容和形式，使用语言应该具体明确言简意赅，让学生明白评语之所指；后者则一般是教师对整篇文章所做的概括性评价，重点应放在文章的主题思想和结构上，还可对学生作文中写得好的地方和较之以前进步的地方给予直接肯定反馈，指出问题时要有重点且使用学生熟悉的词句。

众多研究证明，间接反馈有助于学生自主修改和写作能力的提高，所以教师无需纠正学生所有的错误。在对习作的内容结构、语法词汇和构成法等进行反馈时，有的错误只需标记出来由学生自己修改，这就存在

①胡燕花．大数据时代在大学英语教学评价中的应用价值研究[J]．佳木斯职业学院学报，2015(10):159-160.

一个标记符号问题。如果没有一定的标准,比如都划线,学生也许不能明白其用意。因此,笔者认为有必要采用系统的符号标记不同类型的错误,比如下划波浪线表示语法错误,下标小三角形表示选词不当,等等。通过事先设计一套反馈符号并对学生解释,可以很好地调动学生自主修改的积极性,培养其对错误类型的感受力,最终提高其写作能力。

评分是对定稿的一个综合评价,教师在给分时,既要从text本身的形式内容出发,也要考虑学生在一次写作任务中的表现,评分采用的形式最好统一,比如百分制或是A~F计分制。

(二)同伴反馈

由同学进行的同伴同级反馈原是在母语作文中常使用且被证明是有效的一种反馈方式,现在越来越受到二语写作研究者的注意,它指的是学生同其他同学一起看自己的文章,并从同学那里得到反馈,看自己是否成功地表达了想要表达的意思,其中最重要的步骤就是意义协商(meaning negotiation)。在我国EEL(有别于ES)教学环境和传统的以教师为中心的教室氛围中若要引用这一方法,需要特别谨慎。一来是国外的研究成果多是针对ES写作教学而言的,二来中国学生长期处于被动接受者的角色,未必能适应同伴反馈的要求。

(三)自我反馈

自我反馈强调读者意识,是指学生从读者的角度去阅读评价自己的文章,这对学生写出以读者为基础的文章相当重要;而且修改作为对反馈的反馈本就是写作的一个组成部分,任何形式的反馈的最终目的就是要循序渐进地将修改的任务交还给写作者自己,使其渐渐处于一个更加独立的位置,能够批判性地评价自己的写作,能在必要时对自己的写作过程和结果进行修改。

(四)反馈机制在写作过程中的运用和作用

关于写作过程,语言学家对其具体描述尚未达成一致意见。有的人认为写作过程分计划、初稿和修改三个阶段,有的则提议触发、收集资料、成文、修改和编辑五个阶段。这里我们采用Muray的划分法,即把写作过程分为写前、写作和修改三个阶段,这种划分与Sinclair和Coulthard

提出了课堂话语活动的典型结构I–R–F有异曲同工之妙。写前阶段包括选题思考、组织主题内容、收集资料构思等，是一次写作任务的initiation。写作阶段则指作者信笔畅书，对前一阶段的构思做出reponse，将自己的想法表达出来，重点在于内容的表达，不必太多考虑形式上的问题。修改阶段类似I–R–F中的F，即feedback，但这里的反馈包括两层意思，一是读者对文稿的反馈，二是作者根据读者的反馈意见进行的改写，是对反馈的反馈（feedback on feedback），对文章作必要的添加和删除以便“作文能正确表达写作者的写作目的”。但要注意这三个阶段不是简单线性排列的，实际的写作往往是构思、写作、反馈、改写、再反馈、再改写、直至定稿这样一个迂回复杂的过程。在这个过程中，通过师生之间、同学之间的积极交互，形成反馈机制。

就写作的整体过程而言，布置作业（initation）是写作的第一步。表面看来，布置作文似乎是教师的事，但关键就在于切不可把这一过程看作是教师的“独角戏”。写前阶段包括了选题审题组织主题内容收集资料进行构思等一系列活动，更包括师生之间进行就对主题的理解而展开的讨论。这里看似写作的第一步，但其中却已经包含了反馈元素，相对于整个写作过程而言，是小写的i–r–f，主要通过师生之间的互动实现，是一种课堂讲评式反馈；这种形式的使用还可以在一定程度上预防反馈事后诸葛的缺陷。

在反馈机制中，学生写初稿，F1（笔者根据一评反馈意见进行修改）、F2（笔者根据二评反馈意见进行修改）主要是笔者独立完成的，以自我反馈形式为主。而F1、F2和F3则体现师生学生之间通过不同交互方式给作者提供或肯定或否定或直接或间接的反馈。

1.Feedback1

这是对学生初稿的第一次反馈。虽然说在我国英语写作教学的目的更多的是提高学生的语言水平和应付考试，但就写一篇具体的文章而言，它首先是要传达某种意义的，所以作者建议，F1应该把重点放在内容上，对于形式方面的问题，除非是严重影响内容理解的，其他的可以先忽略。就反馈形式而言，这一阶段采取同伴反馈为好。一来是同学之间的相对平等性可以鼓励作者在意义协商的过程中大胆地表达自己的想法，从而避免学生在教师权威前的沉默。二来学生面对面地讨论（可以用母语)，能够很好地保证对反馈理解，促成修改的成功，杨苗也证明了同伴反馈的修改成功率高于教师反馈的修改成功率。通过与同学进行交流，写作者能发现自己文章中存在的问题，尤其是在意义表达方面的问题，因为同学互评时，“把更多的精力放在文章的内容和构成上”“在学生看来，内容才是决定性因素”。这一阶段以内容为主的同伴反馈，既为下一阶段的修改提供方向，又通过与同学的交互增加作者的“读者”意识，促进其自我反馈的有效性。

2.Feedback2

这是对笔者修改稿的反馈，建议由教师采用评语式、符号式和座谈式反馈进行。学生根据F的反馈意见对自己的文章进行主要是针对内容的修改，同时由于“读者”意识的增强和自我反馈的作用，也会对一些形式上的错误进行修改。教师在对学生修改稿进行反馈时，还是要内容形式“两手抓”，不过可以将重点放在习作的语篇特征和语言特征即结构语法词汇等方面。通过页边评语、文末评语以及系统的符号对习作中的不同问题给予反馈意见。对于一些有疑虑的问题，如选词或某一特殊语篇模式的使用等，可以与学生面对面地座谈沟通；要避免批评家角色，如果出现“信息沟”(infomation gap)，要以“非全知的读者”的身份去了解作者想要表达的意思，而不是把自己的想法强加给作者。对于语言方面的错误，教师不要把“挑刺”作为目的，而应该是像教练一样为学生提供指导和帮助以提升其写作能力和语言能力。

3.Feedback3

这一阶段是对学生的定稿进行反馈并最终给出分数。经过两轮反馈、两轮修改后，学生的习作在内容和形式上应该都已到达一定的水平，所以在这一阶段应该宏观把握，可以通过课堂讲评式反馈对这次作文的整个完成情况进行的一些点评，指出典型问题以防其重复出现，或是对一些优秀习作进行分析，或是对取得进步的同学给予公开表扬；也可以通过评语式反馈对具体的文章进行概括性的以思想内容为中心的评价；还可以让学生自由交流写作任务完成的心得感受等。总的来说，对一次作文任务而言，对定稿的反馈既是任务的结束，又不是任务的结束。也就是说要通过反馈给学生一些启示，为以后写作任务的完成奠定基础。从这个意义上来讲，对定稿的反馈也是下一次任务的开始。

二、评估管理中大数据技术的应用

信息技术的发展让我们进入了一个新的时代，那就是大数据时代。每年由新媒体联盟发表的“地平线报告”也是大数据时代的产物，该报告以有力的数据预测了技术对未来教育的影响和趋势。大数据时代为我们的教育发展和变革提供着有力的保障。大数据时代高校英语语法与写作教学的发展与变革已成为人们关注的焦点。评价是教学中不可缺少的部分，大数据的发展为大学英语语法与写作教学评价改革带来了更多的契机和启示。他能丰富高校英语语法与写作教学评价的内容和方式，使高校英语语法与写作教学评价更为全面和扎实，为学生和教师提供直观、可信的依据。帮助学生和教师更好地认识自身的优势和劣势，促进学生的学和教师的教。

（一）完善学生评价体系，加强人才培养效果

随着教育教学研究的深入，学生评价已渐渐从终结性评价转向了终结性评价与形成性评价的结合，老师们往往采用课堂观察、平时作业、单元检测等方式来评价学生的学习过程，该形成性评价在最后终结性评价中所占的比例也很少，大约30%。这样的评价体系一方面不能全面地评价学生，不能全面地评价学生的各项能力，也不利于学生各项能力的发展。21世纪能力的培养是高校人才培养的重中之重，21世纪能力包括批判性思维能力、处理海量信息能力、创新能力、团队合作能力、合作能力以及自主与自立的能力，不利于学生学习意识的改变。学生往往认为学习就是一个结果，不注重过程，因此，不能很好地管理自己的学习，往往在学期结束时突击一下即可。从而给学生自主学习能力的提升带来了障碍；另一方面也使得教师不能很好地了解每一个学生，也无法做到对每一个学生把脉，因为缺少有力的数据，从而无法实现个性化教学，让每一个学生都成功。而大数据时代为我们解决这些难题提供了有力的保障，使得高校英语语法与写作教学评价更为完善和有效。首先，大数据时代能帮助学生即时实现自评和互评。在课堂上，教师可以利用问卷星技术，让学生当堂评价自己和学友在本节课上的表现。完成自评和互评。老师在收集完数据后能立刻向学生展示数据结果，帮助学生更好地管理自己。不像以前那样老师在课堂上发放自评和互评表，回去后花较长的时间进行分析，然后在下次课上再反馈给学生，这样，一方面消耗了

老师大量的时间,另一方面信息反馈的不及时,效果就会大打折扣。其次,大数据时代帮助学生更全面地了解自身的学习过程,大数据时代能够提供学生学习的精确时间,任务的完成时间,学习的效果等数据,这些真实而可信的数据帮助学生了解自身的学习情况,反思自己的学习过程,调节学习的进度和方向,制定合理的计划提升学习效果,最终实现学会学习以应对21世纪的挑战。此外,大数据时代帮助高校英语教师全面而客观地分析和评价学生。大数据时代为教师提供了多元的学生评价方式和内容,教师对学生的评价不仅仅局限在课堂的观察、平时作业的批改、纸质问卷的收集和分析上,教师还可以基于快捷而可信的数据全面而快速地分析和了解学生各项能力的发展,即节约了时间,又能充分地了解每一个学生。

(二)完善教师教学评价,促进教研发展

在许多高校,对高校英语教师的教学评价往往是看该教师所带班级的英语四级通过率。或者学生的大学英语竞赛中的获奖情况等,这种结果性评价比较片面,忽略了教师在教学过程中的表现和付出,削弱了高校英语教师教学的积极性。大数据时代为改变此种现象提供了有力保证,进一步完善教师教学评价,使评价内容和方式更加多样。首先,大数据时代使得教育管理者能够通过网络平台提供的大量真实的数据较为客观而全面地了解老师的工作,了解教师的工作效果,提供对教师评价的可信度,提高教师投入教学研究的积极性。其次,大数据时代为教师进行自我分析和评价提供了保障。

(三)实现多元化课堂评价机制

课堂教学评价其实也是协作探究能力的体现,通过课堂评价,学生的分析能力和思考能力能够得到较快地提高。在对学生的英语语法与写作学习情况进行评价和考核的时候,应该保证人性化、多元化的评价机制,如个人展示或小组准备、集体研讨、双方辩论、写观后感。

写时评、自我测评等应该成为思辨能力考查的重要方式。与此同时,实现师生评价、学生之间的互评等评价模式,给予学生一定的评价空间,从而来锻炼他们的分析能力和自我认知水平,开启他们的思考能力和思辨能力,从整体上来提升学生的英语语法、写作素质和英语表达能力。思辨能力作为英语学习必须具备的重要能力,必须要得到足够的重视,以此来促进学生英语能力的提升和健全人格的成长，为他们今后的发展奠定坚实的基础。实现多元化的课堂评价机制，是以人为本思想的重要体现，也是素质教育改革的必然结果。

参考文献

[1]薄蓉蓉，冷明祥．高校“金课”建设的基本认知、现实困境与实践路径[J].黑龙江高教研究，2019（09）：141-146.

[2]柴志敏．基于文化自信的大学英语教材与课堂教学实践探究[J].校园英语 月末，2019（12）：2-4.

[3]陈晓菲．翻转课堂教学模式的研究[D].武汉：华中师范大学，2014.

[4]陈冬纯，武敏．试论大学英语“金课”的质量标准与评估体系[J].外语电化教学，2019（10）：27-32.

[5]车继雁，黄亚楠．高校新生态大学英语课堂的构建——以“金课”为标准[J].高等教育研究，2019（31）：3-4.

[6]胡燕花．大数据时代在大学英语教学评价中的应用价值研究[J].佳木斯职业学院学报，2015（10）：159-160.

[7]李桂芳.MOOCs背景下大学课堂教学模式的反思与建构[D].济南：山东师范大学，2015.

[8]卢昕，马春线，宋凯．高校英语教学的基础理论与应用研究[M].北京：九州出版社，2017.

[9]梁欣．大学英语混合“金课”建设探析[J].国际公关，2019（09）：81-82.

[10]马道山，曹曦．社会主义核心价值观融入高校英语教学初探[J].山东青年，2015（04）：1-6.

[11]邵丹．以打造“金课”为目标的应用型高校大学英语视听说课堂

教学改革探索[J].湖北开放职业学院学报,2019(10):171-172.

[12]田园.避免“水课”打造“金课”:大学英语课程资源的开发与利用[J].课程教育研究,2019(34):1.

[13]吴兴泉,陈士华,刘素华.高校金课建设的时代背景与实现策略[J].教育现代化,2019(72):104-105.

[14]王子勤,杨苒苒.基于翻转课堂的大学英语写作教学模式初探[J].外语教育与翻译发展创新研究,2016(05):165-167.

[15]叶信治.高校“金课”建设:从资源驱动转向制度驱动[J].中国高教研究,2019(10):99-103.

[16]赵魏炜.基于翻转课堂的大学英语语法与写作一体化教学模式构建[J].吉林工程技术师范学院学报,2019(05):78-81.

[17]张红艳.大学英语写作教学的动态评价研究[D].上海:上海外国语大学,2012.

[18]张春利.大学英语写作翻转课堂教学设计研究[D].漳州:闽南师范大学,2017.

[19]周聪聪.高校翻转课堂教学模式评价体系研究[D].新乡:河南师范大学,2016.

[20]张帆.大学英语翻转课堂教学模式的实践及其问题研究[D].南京:南京航空航天大学,2018.

[21]张伟.基于微课的大学英语翻转课堂教学模式研究[D].成都:四川外国语大学,2016.

[22]赵朝晖.高职院校“金课”建设困境略谈[J].济南职业学院学报,2019(05):9-11.